PAPIER *literarisch*

Neunmal siebenundzwanzig Zitate
aus der schönen Literatur

aufgespürt und gebündelt
in drei Jahrzehnten
mit einer Nachlese
aus jüngster Zeit
von Franz Zeier

HAUPT VERLAG BERN STUTTGART WIEN

Gestaltung/Satz:
Franz Zeier in enger Zusammenarbeit mit
Thomas Ernst, Winterthur
Schriften: Inhalt Aldus, Umschlag Palatino
Papier: Inhalt, Munken Pure 120 gm² von Fischer Papier
Umschlag, Zerkall Bütten 230 gm² von Antalis
dtp: Albert Walker, Winterthur
Druck: PrintWork AG, Beat Lüthi, Winterthur
Bindearbeiten: Buchbinderei Burkhardt AG, Mönchaltorf

Bibliographische Information der deutschen Nationalbibliothek
Die Deutsche Nationalbibliothek verzeichnet diese Publikation
in der Deutschen Nationalbibliothek; detaillierte bibliographische
Daten sind im Internet über http://dnb.d-nb.de abrufbar.
ISBN 978-3-258-07247-0

Alle Rechte vorbehalten
Copyright © 2007 by Haupt Berne
Jede Art der Vervielfältigung ohne Genehmigung des Verlags ist unzulässig
Printed in Switzerland
www.haupt.ch

WIE DIESES BUCH ENTSTANDEN IST

❧ Der etwas besondere Weg, welcher zu dem vorliegenden Buch führte, bedarf, so meine ich, einer Erklärung oder, besser noch, einer kurzen Beschreibung des Weges selbst. Seinen Anfang nahm er schon vor etwa drei Jahrzehnten – ursprünglich ganz ohne den Gedanken an ein späteres Buch. Eine solche Absicht ergab sich erst in allerjüngster Zeit.

Eigentlich seit man mich lesen gelehrt hatte, verbrachte ich einen grossen Teil meiner Freizeit in der angenehmen Gesellschaft von Büchern. Dies hielt ich auch in späteren Jahren so, neben meiner Berufsarbeit, die mehrere recht unterschiedliche Etappen aufwies. Das Gemeinsame war, dass ich in allen mit dem vielseitigen und äusserst gestaltungsfähigen Material Papier in Kontakt blieb. Es ist nicht verwunderlich, dass sich dabei ein ganz persönliches Verhältnis zu diesem Werkstoff herausbildete und sich ein eigenes Sensorium dafür entwickelte.

Es ergab sich in der Folge auch eine spezielle Vertrautheit nicht nur mit dem Werkstoff, sondern auch mit dem Wort Papier. Wenn während des Lesens in irgendeinem Text der sogenannten schönen Literatur das Wort Papier auftauchte, liess es mich augenblicklich aufmerken. Bald machte ich mir ein Vergnügen daraus, solche Papier-Stellen samt dem sie umgebenden Umfeld herauszuschreiben, auf den nächstbesten Zettel oder in ein Notizheft, ohne dass dies meine Lektüre sonderlich störte. Gelegentlich dann galt es, das herauszulösende Fragment so abzugrenzen, dass das Papier sozusagen als Protagonist sich möglichst glücklich in Szene setzen konnte. Dabei ergab sich durch überlegtes Vorgehen beim Herausheben der Stelle aus dem Gesamt so etwas wie ein neues Ganzes im Fragment. Eine eher unerwartete Folge solcher Einschränkung oder Separierung erbringt nicht selten eine Steigerung des Ausdrucks innerhalb jenes neuen Ganzen.

Im Laufe der Zeit hatten sich die derart notierten und gesammelten Textstellen beträchtlich angehäuft. Sie wurden provisorisch gesichtet und einigermassen geordnet, eine Schachtel zu ihrer Aufbewahrung kam dazu. Seither lagen sie, zusammen mit meinen Bucheinbänden, in einem Schrank, auf nichts anderes wartend als auf eine im Voraus nicht bedachte Fortsetzung oder Verwendung. Die Sammlung umfasste bereits um die 200 Zitate aus Werken von etwa 70 Schriftstellern und Dichtern, eine Anzahl aus der Literatur der Gegenwart kam später dazu.

Da ergab sich im Herbst 2006 eine unerwartete Wende. Im Verlauf eines Gesprächs mit Matthias Haupt – in dessen Verlag in Bern meine beiden ersten Bücher erschienen sind – richtete dieser unversehens die Frage an mich, ob ich vielleicht ein drittes Buchvorhaben in petto hätte, was ich verneinte. In diesem Augenblick fiel mir die im erwähnten Schrank ruhende Schachtel mit der Zitatensammlung ein. Ich zeigte sie dem Verleger, und nach einer kleinen Weile des Nachdenkens meinte Matthias Haupt, es könnte sich da um das Material zu einem neuen Buch handeln. Die, wie mir schien, von Zuversicht getragene Bemerkung ermutigte mich, und miteinander beschlossen wir, aus der Sammlung ein Buch werden zu lassen. Im Laufe des Winters nun und im Frühjahr 2007 nahm dieses die vorliegende Gestalt an.

Die neunmal siebenundzwanzig in sich abgerundeten Fragmente von Texten ums Papier präsentieren sich jetzt im Buch ganz unsystematisch in neun Gruppen oder Bündeln, in lockerer, mehr oder weniger chronologischer Anordnung, gewissermassen mit gelenkter Zufälligkeit. Das Thema Papier im Zitat mit seinem Überfluss an einzelnen Motiven entfaltet in den Abschnitten so etwas wie einen Rhythmus der gegenseitigen Verträglichkeit, was einer erholsamen Lektüre in entspannter Nachdenklichkeit, aber ebenso dem Wunsch nach unterhaltender Abwechslung entgegenkommen soll. Die mit dem Werdegang des Buches zusammenhängende und ihm entsprechende sanfte Willkür und Beliebigkeit der Auswahl und Aufeinanderfolge der Zitate mag einer fortlaufenden, angenehmen Überraschung und Entdeckerfreude beim Lesen – es erfolge denn kontinuierlich oder in freier spontaner Auswahl – nur förderlich sein.

Die zeitlich frühesten Textausschnitte zum Thema Papier stammen im vorliegenden Buch aus dem ersten Jahrtausend gemäss unserer Zeitrechnung. Lokalisiert sind sie im Fernen Osten, wo mit der Erfindung des Papierschöpfens die Bewegung der Papiergeschichte ihren Ursprung nahm und danach von Ost nach West, von China über Korea und Japan in die Gebiete Europas und von da bis in die Neue Welt Amerikas verlief. In Erinnerung daran leiten literarische Papier-Zitate aus dem Fernen Osten jede der neun Textgruppen ein. Darauf folgen jeweils Textstellen unterschiedlichster Art, vor allem aus dem 19. und 20. Jahrhundert, aber auch aus den ersten Jahren unseres Jahrhunderts. Die durch die Neunergruppen unterteilte bunte »Textmasse« bietet also Atempausen und Zeit zur Erholung, auch optisch für die lesenden Augen.

An die fernöstliche Herkunft des Papiers erinnern noch heute im Westen da und dort, besonders im Herbst, die bei Alt und Jung Spielfreude erweckenden Papierdrachen oder die nachts festlich leuchtenden Lampions. Zumeist allerdings erscheint Papier in der Literatur in ganz alltäglichen Lebenszusammenhängen, die bisweilen freilich in seltsame, abgründige und dramatische Bereiche des menschlichen Handelns und Verhaltens verweisen.

Ein eher nur lesepraktischer Hinweis zum Schluss: Es könnte sein, dass jemand es nicht mit dem Vergnügen am Zitat bewenden lassen möchte und er sich angeregt fühlt, da oder dort das Ganze kennenzulernen, dem der Text entnommen ist, dann wende er sich an die Marginalien, die jedes Zitat begleiten. Sie geben Auskunft, unter welchem Autor und Titel das Werk, aus dem das Zitat stammt, aufgefunden werden kann. So mag der Leser, wenn er es wünscht, den Ausschnitt mit dem ihm zugestandenen Eigenleben wiederum in seinen Gesamtzusammenhang einfügen.

Der Suche nach dem Zitat eines bestimmten Autors dient das beigefügte alphabetische Autorenverzeichnis im Anhang. Von mir sind die den Zitaten vorangestellten Titel, gedruckt in Ockerfarbe.

I

MIT BELAUBTEM ZWEIG
PURPURVIOLETT
DER GEIER
SCHÖPFERISCHE QUETSCHUNG
ANTWORT
BESCHULDIGT
EIN RECKE
TROPF-GEFÜHL
PHRASEN
ZERFLEDDERT
DAS KÖFFERCHEN
AUFGEFAHREN
DUFTENDE BÜCHER
HAUSORDNUNG
INSEKT
AUFTRAG
FAHRIGE HANDBEWEGUNGEN
HOTELADRESSE
LICHTERLOH
THÉRÈSE
ÄUSSERSTE FASSUNG
VON UNBEKANNT
RUCH
ZUM VERSAND BEREIT
AUF DER REDAKTION
MOND
GELBE AUGEN

MIT BELAUBTEM ZWEIG   Ich glaubte aber, daß es besser wäre, wenn ich von mir aus den nächsten Schritt täte. So warf ich rasch ein Gedicht auf das hellblaue Papier, in der gleichen Handschrift:
»Weiß zwar, Ihr gabt mir
Antwort, aber verschwunden
ist sie wie Echo.
Überall such ich Antwort,
nirgends kann ich sie finden.«
Ich schlug das Blatt in Papier ein, wie sich's gehört, verband es mit einem belaubten Zweig und schickte es ihr durch einen Boten.

Autorin unbekannt
Kagero Nikki. Tagebuch einer japanischen Edelfrau ums Jahr 980
Zürich 1955

PURPURVIOLETT   Alles, was purpurviolett ist, gefällt mir, ganz gleich, worum es sich dabei handelt: ob um Blumen, Fäden oder Papier. Eine Ausnahme mache ich nur bei der Schwertlilie, die ich ihrer Form wegen nicht mag. Die Farbe finde ich allerdings bezaubernd. Ich glaube, wenn mir die Beamten des sechsten Ranges, die die Nachtwache bei Hofe versehen, so gut gefallen, so ist das auf das Violett ihrer Gewänder zurückzuführen.

Das Kopfkissenbuch der Hofdame Sei Shonagon um das Jahr 1000
Zürich 1952

DER GEIER   »Oh«, rief Darcy, »das war eine glückliche Zeit! Wie oft habe ich mit Wehmut an die schönen Abende der Rue Bellechasse zurückgedacht! Wissen Sie auch noch, welch herrliche Geierflügel Ihnen mit rosa Bändern an die Schultern gebunden wurden, und welch kunstvollen Schnabel ich Ihnen aus Goldpapier fabriziert hatte?«
»O ja«, antwortete Julie: »Sie waren Prometheus und ich der Geier.«

Prosper Mérimée
1803–1870
Das zwiefache Verkennen, in: Meisternovellen
Zürich 1949

SCHÖPFERISCHE QUETSCHUNG   Das Genußreichste, was Senff uns lehrte, war die Kunst, gewisse kleine trianguläre Gestalten, sonst Krähen genannt, aus Papier zu falten, bei deren Anfertigung jedoch der letzte vollendete Bruch so schwierig war, daß der gar nicht gelehrt werden konnte, es mußte einem vielmehr erst eine glückliche, intellektuelle Anschauung kommen, ehe man es vermochte, die sorgfältigst vorbereitete Krähe durch jene letzte schöpferische Quetschung zu vollenden.

Wilhelm von Kügelgen
1802–1867
Jugenderinnerungen, in:
Juliane Roh
Altes Spielzeug
München 1958

ANTWORT   Also zündete er ein Lichtstümpfchen an, suchte ein Blatt Papier hervor und schrieb darauf eine Antwort auf Viggis Brief, wie sie dieser nur wünschen konnte, nicht ohne Geist, aber dazu noch mit aller herzlichen Glut durchwärmt, welche er in diesem Augenblicke empfand. Er faltete das Blatt zusammen und trug es hinaus in die Hecke.

Gottfried Keller
1819–1890
Die missbrauchten
Liebesbriefe, in:
Die Leute von Seldwyla
Werke, 4. Band
Basel um 1950

BESCHULDIGT   So wurde auch Pljuschkins Gesicht, nachdem der flüchtige Schatten eines Gefühls darüber hinweggehuscht war, immer kälter und starrer.

»Hier auf dem Tisch hat doch ein Viertelbogen unbeschriebenes Papier gelegen«, sagte er, »aber ich weiß gar nicht, wo es geblieben ist. Meine Leute sind doch zu gar nichts nütze!« Und er fing an, auf dem Tisch und unter dem Tisch zu suchen, alles durcheinanderzuwühlen und schließlich »Mawra, Mawra!« zu rufen. Auf sein Geschrei hin erschien ein Weibsbild mit einem Teller, auf welchem der dem Leser schon bekannte Kuchen lag.

»Wo hast du das Papier gelassen, du Diebin?«

»Gott ist mein Zeuge, Herr, ich habe nichts gesehen, ausser dem Papierfetzen, mit dem Sie das Schnapsglas zugedeckt haben!« […] »… Aber da liegt es ja auf dem Tisch, das Papier! Immer wird unsereiner für nichts und wieder nichts beschuldigt!«

Mawra ging hinaus und Pljuschkin nahm im Lehnstuhl Platz. Doch bevor er zur Feder griff, drehte er das Stück Papier noch lange hin und her, wobei er wohl überlegte, ob er von dem Viertelbogen nicht noch ein Achtel abschneiden und einsparen könne. Aber dann kam er doch zum Schluß, daß sich das nicht mehr machen ließ. Er tauchte also die Feder ins Tintenfaß, das eine schimmelbedeckte Flüssigkeit und eine Menge toter Fliegen enthielt, und fing an zu schreiben. Die Buchstaben, die lebhaft an Noten erinnerten, reihte er eng aneinander, rückte auch die Zeilen so dicht wie irgend möglich zusammen und versuchte immer wieder seine Feder zu bändigen, die dazu neigte, sich in hemmungslosen Sprüngen über das Blatt zu bewegen. Dennoch mußte er mit Bedauern feststellen, daß noch immer viel zuviel unausgenutzter Raum auf dem Papier übrigblieb.

Nikolaj Gogol 1809–1852 Die toten Seelen München 1961

EIN RECKE Einer der Brautführer nimmt die Schleppe der Braut, und die Prozession beginnt hinabzusteigen. An den Treppengeländern und an allen Türpfosten hängen fremde Dienstmädchen und Ammen; sie verschlingen die Braut mit Blicken, zu hören ist ihr beifälliges Raunen. [...] An der Auffahrt warten längst die Kutsche und die Kalesche. An den Pferdemähnen Papierblumen, und alle Kutscher haben sich bunte Tücher um die Schultern gebunden. Auf dem Bock der Kutsche sitzt ein Wunder von Recke mit breitem Vollbart, im neuen Kaftan.

Anton Čechov 1860–1904 Hochzeit, in: Ende gut Frühe Erzählungen 1886–1887 Zürich 2002

TROPF-GEFÜHL den 28. März, Boston
Lieber Duyckinck, [...] Jetzt haben wir den vierten Tag des berühmten Bostoner Regens, und nur der Geist des letzten in der Sintflut ertrunkenen Menschen wird später wissen, wie lange es gedauert hat. Ich habe ein andauerndes »Tropf-Gefühl«, und mir ist zumute wie einem schlecht ausgewrungenen Handtuch. Meine Seele ist feucht und versucht sich zu trocknen, indem sie sich auf Schreibpapier hinbreitet.

Ihr völlig gesättigter H. Melville

Herman Melville 1819–1891 Brief an Evert A. Duyckinck, in: H.M. Briefe Hamburg 1960

PHRASEN Eine Zeitlang war sie geradezu versessen darauf gewesen, Zettel zu schreiben, die sie an Seth richtete. Er fand sie in seinen Schulbüchern versteckt, und einer war ihm durch ein Kind ausgehändigt, das er auf der Straße traf, während manche andere ihm durch die Post des Ortes zugestellt wurden.

Diese Mitteilungen waren in einer runden, jungenhaften Schrift geschrieben und spiegelten den Einfluß von Romanlektüre wider. Seth hatte nicht geantwortet, obgleich er sich von einigen der Phrasen, die mit Bleistift auf das Briefpapier der Bankiersfrau gekritzelt waren, geschmeichelt gefühlt hatte. Er steckte die Briefe in seine Jackentasche, ging durch die Straßen oder stand beim Zaun des Schulhofs mit dem Gefühl von etwas Warmem an seiner Seite.

*Sherwood Anderson
1876–1941
Winesburg, Ohio
Berlin und Frankfurt
am Main 1958*

ZERFLEDDERT In Chaumot, 11.–16. Juni 1909 Ich klettere auf einen Stuhl, und wenn ich ein altes zerfleddertes Buch finde, dann greife ich danach.

*Jules Renard 1864–1910
Ideen, in Tinte getaucht
Aus dem Tagebuch
von Jules Renard
München 1986*

DAS KÖFFERCHEN Die Mananti überholten ihn wie ein Wirbelwind, und ihre »Augusta« wurde immer kleiner und verschwand im goldnen Widerschein. Er mußte zum Sechsuhrzug in Olmeta sein, mit seinem raschen Schritt ging er dahin, schwitzend, dicht an den schwarz-weiß bemalten Bordsteinen entlang. In der Hand das Kartonköfferchen, dessen Schlüssel er verloren hatte. Das Auto erkannte er an der Fahrweise und an der lila Farbe, das einzige seiner Art, noch eher als an seiner Form.

*Carlo Emilio Gadda
1893–1973
Der Sonntag, in:
Erzählungen
München 1965*

AUFGEFAHREN Das mußte auch der Richter D'Andrea erfahren, als er die Augen zu Chiàrchiaro erhob, der ins Zimmer getreten war, während D'Andrea schrieb. Er fuhr so heftig auf, daß die Papiere in die Luft flogen, und schrie: »Seid Ihr verrückt geworden? Was soll das heißen? Schämt Euch!«

*Luigi Pirandello
1867–1936
Das Patent, in: Die
schönsten italienischen
Novellen aus acht
Jahrhunderten, II.Band
Zürich 1946*

DUFTENDE BÜCHER Gemächlich zieht man sich an, schlendert durch den Garten, findet im nassen Gras zufällig einen vergessenen Apfel, der kalt ist und feucht, und aus irgendeinem Grunde kommt er einem ungewöhnlich schmackhaft vor, mit den anderen nicht zu vergleichen. Dann macht man sich an die Bücher, an des Großvaters Bücher in dicken Ledereinbänden, mit goldenen Sternchen auf den Rücken aus Saffian. Wie herrlich sie duften, diese an Kirchenbücher erinnernden Bände mit ihrem dicken, rauhen, leicht vergilbten Papier! So angenehm nach säuerlichem Schimmel und altem Parfüm.

*Iwan Bunin 1870–1953
Antonäpfel, in:
Der Sonnenstich
Erzählungen
Stuttgart 1995*

HAUSORDNUNG Annette hat zwar eine oberflächliche Übung im Aufräumen. Der Waschtisch dauert fünf Minuten, das Bett drei, der Tisch zwei. Herren lassen gerne Anzüge über Stühlen hängen. Das ergibt Komplikationen. Ferner Papiere, Bücher, Briefe auf dem Schreibtisch. Die Hausordnung verbietet eine Veränderung der von den Gästen auf den Schreibtischen hinterlassenen Unordnung. Gesäubert aber müssen sie werden! Jeder Zettel muß in seiner Lage verharren. Das dauert manchmal zwanzig Minuten.

*Joseph Roth 1894–1939
Madame Annette, in:
Panoptikum
Gestalten und Kulissen
Köln 1976*

INSEKT 10. August 1907
Meine Feder verbrannte das Papier wie ein feuriges Insekt.

*Jules Renard 1864–1910
Ideen, in Tinte getaucht
Aus dem Tagebuch
von Jules Renard
München 1986*

AUFTRAG Ach, man wird so falsch beurteilt! Ein Auftrag erschreckt mich immer, veranlaßt mich, mit meiner flachen Hand strichweise über den Pultdeckel zu fahren, bis ich entdecke, daß ich höhnisch beobachtet werde, oder ich tätschle mir mit der Hand die Wangen, greife mich unter das Kinn, fahre mir über die Augen, reibe die Nase und streichle die Haare von der Stirne weg, als ob dort meine Aufgabe läge, und nicht auf dem Bogen Papier, der vor mir, auf dem Pult, ausgebreitet liegt.

*Robert Walser 1878–1956
Helblings Geschichte, in:
Geschichten und
Aufsätze
Zürich 1973*

FAHRIGE HANDBEWEGUNGEN Aber man fragt sich: Ist das eine Ankunft? Ist das eine Abreise?

Die Reisedokumente sind in meiner Rocktasche verstaut. Bald werden weitere Tickets, Boarding Pass, Gepäckschein, etc. dazukommen, alle diese widerwärtigen Papierfetzen, nach denen man dann mit fahrigen Handbewegungen die Taschen abzusuchen pflegt.

Unlängst sagte jemand zu mir: Jetzt geht dein Lebenstraum in Erfüllung.

Dazu müßte ich erst einmal einschlafen können.

Gerhard Amanshauser
1928–2006
Der Ohne-Namen-See
Zürich 1988

HOTELADRESSE Obwohl ich mir den Weg gemerkt hatte, fand ich doch nur mit Mühe in das Hotel zurück. Es wurde immer kälter und meine Nase gefühllos. Ein nebliger Dunst verhinderte die Sicht. Alle paar Minuten fühlte ich in meiner Tasche, ob der Zimmerschlüssel und das Stück Papier mit der Hoteladresse noch da waren. Am Rande des Bürgersteiges hackten Tauben nach einer Brotkruste, die jemand ihnen zugeworfen hatte.

Isaac Bashevis Singer
1904–1991
Die Aktentasche, in:
Der Kabbalist vom
East Broadway
München Wien 1976

LICHTERLOH Als die Rosmarinsträucher zu knistern anfingen, lose Hibiskusblüten entflammt himmelwärts trieben, alle Papierschlangen lichterloh brannten, flüchteten sich die Kinder kreischend in die Waschküche und verfolgten, indem sie zwischen der aufgehängten Wäsche hindurchspähten, mit angstvoll neugierigen Blicken Orion, [...]

Gertrud Leutenegger
*1948
Pomona
Frankfurt am Main 2004

THÉRÈSE Mutter faltet die dicke Lage von Zeitungen unter den Krabbenschalen zu einem ordentlichen Bündel zusammen. Weg mit dem Zeug, und der Tisch steht trocken und sauber. Thérèse breitet frisches Papier aus, und Mathilde bringt zwei Flaschen gekühlten Biers sowie zwei leere Flaschen zum Zerhämmern der Scheren, und schon haben wir jeder ein Brett vor uns, mit zwei kleinen Armeen scharlachroter Krabben, sauber aufgereiht.

Walker Percy 1916–1990
Der Kinogeher
Frankfurt am Main 1986

ÄUSSERSTE FASSUNG   hätte ich ein unendliches Schreibpapier so dasz ich nicht immer wieder ein neues Blatt in die Maschine einspannen müszte und das vorhergehnde ablegen müszte nämlich die *äuszerste Fassung*, nicht wahr, nämlich meditative Versenkung welche vom Rasen der Zeit befreit, und die Erfrischung der Nacht, und die raschelnden Notizen liegen mir im Schosz weil kein Platz auf dem Klapptischchen sonst sogleich begraben unter anderen Blättern –

*Friederike Mayröcker
*1924
Und ich schüttelte einen Liebling
Frankfurt am Main 2005*

VON UNBEKANNT

Weiß scheint allein,
das ungeschriebene Blatt,
ein Brief von Unbekannt,
nachts zu lesen,
ohne Anschrift und Gruß,
eine Seite Schnee
aus dem Lebensbuch
meiner Winter.

*Erika Burkart *1922
Die Nacht, in: Ortlose Nähe. Gedichte
Zürich 2005*

RUCH

Da es ersonnen:
Was gilt es dir?
Die Welt bleibt begonnen
auf dünnem Papier.

Papier, schwarz im Feuer,
ein Ruch dann von Leim,
aus Luft bald ein neuer
flüchtiger Reim.

*Heinz Piontek 1925–2003
Unablässiges Gedicht, in: Werke in sechs Bänden
Band 1
München 1975*

ZUM VERSAND BEREIT   Als ich das Haus zum ersten Mal betrat, standen drei Totenkränze im Flur an die Wand gelehnt und es roch nach Rosen, Wachs und Thujen. Hinter den Kränzen waren große Kartons aufgeschichtet, und unter dem aufgeklappten Deckel des obersten Kartons sah ich auf weißem Seidenpapier winzige weiße Brautbouquets reihenweise ausgelegt, zum Versand bereit.

*Gertrud Fussenegger
*1912
Die Nuss, in: Nur ein Regenbogen. Erzählungen
Stuttgart 1987*

AUF DER REDAKTION Zu einer späten Abendstunde, wenn die andern sich anschickten, nach Hause zu gehen, besuchte er die Redaktion. Er trat in sein Zimmer, das weit und kahl war, entzündete die Lampe, setzte sich an den Schreibtisch und zerknüllte den dicken Haufen von Papieren, die seit dem Morgen auf ihn gewartet hatten. Es waren Nachrichten von der Polizeikorrespondenz, die er alle schon kannte. Er kam von den Quellen, nichts Neues konnte er noch erfahren. Die Papiere beleidigten ihn fast.

Joseph Roth 1894–1939
Der Polizeireporter
Heinrich G., in:
Panoptikum
Gestalten und Kulissen
Köln 1976

MOND 17. Januar 1906
Mond in einer Seidenwolke, in Wolkenpapier.

Jules Renard 1864–1910
Ideen, in Tinte getaucht
Aus dem Tagebuch
von Jules Renard
München 1986

GELBE AUGEN Mein Kater frißt Geld: Er hockt vor seinem Topf, macht ein beleidigtes Gesicht, streckt den mageren Schwanz in die Höhe und wartet, bis ich ihm eine Hunderternote in den Topf werfe. Diese frißt er auf. Fünfzigfrankenscheine mag er weniger. Am liebsten hätte er Tausender; in seinen gelben Augen steht das geschrieben. Der Kater heißt Mim und belebt meinen Tag. Mit Vorliebe zerreißt er Zeitungen, Zeitschriften und Papierservietten. Er wohnt und schläft in der Küche, dem einzigen heizbaren Raum der Wohnung.

Adelheid Duval
1936–1996
Mim, in:
Das verschwundene Haus
Erzählungen
Darmstadt 1988

II

PAPIERMENGE
SCHON VERWISCHT
VERDACHT
VON PAPIER LEBEN
REZEPT
GOLD- UND SILBERTINKTUR
TESTAMENT
HINTERLASSENSCHAFT
MIT LEICHTER HAND
PULVER
TAGEBÜCHER
GLIMMEN
PAPIERKÜGELCHEN
ROSETTEN
GRÜNE GURKEN
PAPIERWÜNSCHE
IRGENDEIN LIED
DER SCHATTEN DES FEDERHALTERS
DÜRFTIGES PAPIER
MUTLOS
ZUGLUFT
EIN NIEMAND
ZAUBER
KLARSTELLUNGEN
FUNKENGARBE
PAPIERUNIVERSUM
REGENBOGEN

PAPIERMENGE   Als Ihrer Majestät vom Innenminister ein Stoß Papiere zugeschickt worden war, fragte sie mich, was man darauf schreiben solle. Als ich ihr sagte, daß ich diese Blätter gern für persönliche Aufzeichnungen verwenden und ein »Kopfkissenbuch« daraus machen möchte, das meine Gedanken, die ich sonst nur meinem Kopfkissen anvertrauen würde, enthalten sollte, entgegnete Ihre Majestät: »So nimm sie«, und gab sie mir.
Ich nahm die unendlich große Papiermenge in Empfang […]

Das Kopfkissenbuch der Hofdame Sei Shonagon um das Jahr 1000 Zürich 1952

SCHON VERWISCHT   Am nächsten Morgen dachte Michitsuna an ihr weißes Gedichtpapier von gestern und schrieb ein Gedicht:

»Mit angebranntem
Splitter von Holz in dünnen
Zügen, so schriebt Ihr.
Heute schon sind verwischt sie,
keiner kann sie mehr lesen.«

Autorin unbekannt Kagero Nikki. Tagebuch einer japanischen Edelfrau ums Jahr 980 Zürich 1955

VERDACHT   Ich bitte Dich sehr, den vielleicht in Dir aufsteigenden Verdacht, als ob ich den Brief geöffnet hätte, fahren zu lassen. Ein solches Verbrechen habe ich nicht begangen, obgleich es für einen Schriftsteller nicht ganz gleichgültig sein kann, wie Campe an Heine über ihn schreibt. Das Papier des Briefes war so durchsichtig, daß ich die Stelle lesen mußte, sobald mein Auge nur auf die Adresse fiel. Daß Campe mich warm empfohlen und ehrenvoll über mich gesprochen hat, merke ich freilich auch schon an der Aufnahme, die ich bei Gathy fand.

Friedrich Hebbel 1813–1863 Brief vom 16.9.1843 an Elise Lensing, in: F.H. in Paris. Briefe, Tagebücher, Gedichte Konstanz 1948

VON PAPIER LEBEN
Kampagne in Frankreich
Zwischen Mainz und Bingen erlebt' ich eine Szene, die mir den Sinn des Tages alsobald weiter aufschloß. Unser leichtes Fuhrwerk erreichte schnell einen vierspännigen, schwerbepackten Wagen; der ausgefahrne Hohlweg aufwärts am Berge her nötigte uns, auszusteigen, und da fragten wir denn die ebenfalls abgestiegenen Schwäger, wer vor uns dahin fahre? Der Postillon jenes Wagens erwiderte darauf mit Schimpfen und Fluchen, daß es Französinnen seien, die mit ihrem Papiergeld durchzukommen glaubten, die er aber gewiß noch umwerfen wolle, wenn sich einigermaßen Gelegenheit fände. Wir verwiesen ihm seine gehässige Leidenschaft, ohne ihn im mindesten zu bessern. Bei sehr langsamer Fahrt trat ich hervor an den Schlag der Dame und redete sie freundlich an, worauf sich ein junges, schönes, aber von ängstlichen Zügen beschattetes Gesicht einigermaßen erheiterte.

Sie vertraute sogleich, daß sie dem Gemahl nach Trier folge und von da baldmöglichst nach Frankreich zu gelangen wünsche. Da ich ihr nun diesen Schritt als sehr voreilig schilderte, gestand sie, daß außer der Hoffnung, ihren Gemahl wiederzufinden, die Notwendigkeit, wieder von Papier zu leben, sie hiezu bewege.

Johann Wolfgang von Goethe 1749–1832
Kampagne in Frankreich,
in: Goethes Werke
Band 15
Leipzig und
Wien um 1900

REZEPT Als ich aus jenem Traume erwachte, wogten die Pappeln am Wege im heftigen Sturme hin und her und Wolken flogen am Monde vorüber. Als ich mich erhob, wehte der Luftzug mir ein beschriebenes Papier entgegen; ich haschte es mit der Hand, es war ein ärztliches Rezept, das der Wind aus einem offenstehenden Fenster des Armenspitals getrieben hatte. (Auch dieses geschah mir damals in Wahrheit.) Die Rezeptur hatte die Unterschrift des damaligen Oberamtsarztes Dr. Uhland in Tübingen, eines braven Praktikers und Menschen (Oheim des Dichters).

Justinus Kerner
1786–1862
Mein Gang auf die Universität, in: Das Leben des Justinus Kerner Erzählt von ihm und seiner Tochter Marie
München 1967

Wohl hatte ich mich beim Verlassen der Fabrik fürs Studium der Naturwissenschaften entschlossen, aber noch nicht für das besondere der Medizin. »Nun ja«, sagte ich vor mich hin, »dieses Blatt ist dir zum Zeichen deines künftigen Berufes gesandt; *du sollst ein Arzt werden!*« In diesen Gedanken und mit diesem Vorsatze zog ich durch das Lustnauer Tor in die mir ganz unbekannte Stadt der Musen ein.

GOLD- UND SILBERTINKTUR Genug, der Bruder, dieses Schoßkind des Glücks, nahm Vernunft an und derselbe gewann so viel über sich, sein Eigentum meinen verzehrenden Blicken von Zeit zu Zeit in etwas zu exponieren; jedoch immer mit Vorbehalt der kostbaren Gold- und Silbertinktur, auf die ich für eine außerordentliche Gelegenheit vertröstet blieb. Einst ließ er sich jedoch, nachdem ich an ihn meine besten Bitten und Bestechungen verschwendet hatte, das Versprechen abringen, mit diesen übermenschlich geheimnisvollen Farben in meinem und der Schwestern Beisein eine Zeichnung kolorieren zu wollen, die wir mit schlechter Dinte auf grobes Papier hingeschmiert hatten; denn wir waren allerseits von der alles verschönernden, verklärenden, versilbernden und vergoldenden Kraft dieser Farben überzeugt.

Bogumil Goltz
1801–1870
Buch der Kindheit
München 1964

TESTAMENT Am Tag vor seinem Tod erhob er sich nochmals von seinem Lager, verlangte einen Bogen Papier und eine Feder, bat mich, die Tür zu schließen und niemand einzulassen, bis er ein Testament an seinen Sohn aufgesetzt habe, welches ich nach seinem Tode nach Petersburg schicken sollte. Wie staunte ich aber, als ich sah, daß er nicht nur eine ausgezeichnete und sehr gebildete Handschrift besaß, sondern daß auch der Inhalt seines Schreibens vortrefflich, korrekt und sehr zärtlich war. Ich will dir morgen dieses Testament vorlesen, ich besitze nämlich eine Abschrift davon.

Autor unbekannt
Erzählungen eines russischen Pilgers
Luzern 1944

HINTERLASSENSCHAFT Weder seine Zimmer noch irgendwelche Sachen darin wurden mit dem staatlichen Siegel versehen, denn erstens hatte er keine Erben, und zweitens hinterließ er nur sehr wenig, und zwar: ein Bündelchen mit Gänsefedern, ein Buch Amtspapier, drei Paar Socken, zwei bis drei abgerissene Hosenknöpfe und dann die dem Leser bekannte Kapuze. Wem das alles blieb, weiß Gott; ich gestehe, daß ich mich darum auch weiter nicht gekümmert habe.

Nikolaj Gogol
1809–1852
Der Mantel
Leipzig um 1930

MIT LEICHTER HAND »Gehört dieser komische Jüngling zu Ihnen?« fragte Porbus den Alten.

»O Meister, verzeihen Sie meine Kühnheit«, gab der Kunstjünger errötend zurück. »Ich bin ganz unbekannt, ich male nur einfach so für mich und bin vor ein paar Tagen erst in dieser Stadt eingetroffen, die der Sitz aller Weisheit ist.«

»Ans Werk!« rief ihm Porbus zu und reichte ihm einen Rötelstift und ein Blatt Papier.

Mit leichter Hand zeichnete der Unbekannte die Maria Egyptiaca in den Umrissen nach.

»Oho!« meinte der Alte. »Und Ihr Name, junger Mann?«

Der Jüngling schrieb unten an den Rand: *Nicolas Poussin*.

Honoré de Balzac
1799–1850
Meisternovellen
Zürich 1953

PULVER Der hat mich genau angeschaut und mit schiefem Mund zur Mutter gesagt: »Sie brauchen nicht zu erschrecken. Eine Kleinigkeit. Der Lausbub hat sich die Lunge verkühlt.« Und mit diesen Worten hat er ein blaues Fläschchen aus der Tasche gezogen und daraus ein weißes Pulver auf sechs Stückchen Papier geschüttet. Das nennt man ›Pulver‹. Er hat verordnet, daß ich ein Pulver gleich einnehmen muß. Ich drehte mich und wand mich nach allen Seiten. Mein Herz sagte mir, es würde bitter schmecken wie der Tod. Und richtig, so war es. Ich habe es genau erraten! Aber bitter und bitter ist nicht dasselbe.

Scholem-Alejchem
1859–1916
Mottl der Kantorssohn
Frankfurt am Main 1965

TAGEBÜCHER Mit einer Pedanterie geordnet, die zu Christians hartnäckigsten Tugenden zählte, lagen die Papiere da, von welchen die Rede gewesen war: die Tagebücher; etliche alte Hefte mit verjährter Schrift, aus der Verwandtschaft; Notizen die schwere Menge, zur Vorbereitung des Buches niedergeschrieben und in genaue Reihenfolge gebracht, sowohl nach der Chronologie als auch nach dem Gegenstande; Konzepte zu versuchten Kapiteln und dergleichen mehr. Ich konnte mich nicht enthalten, zu blättern, von ungefähr zu lesen, erst obenhin, dann gründlicher – und endlich unter dem Zwang einer Erregung, die mir zwei Drittel der Nachtruhe von Leib und Seele bannte.

Wilhelm Hausenstein
1882–1957
Lux Perpetua
Freiburg im Breisgau
München 1947

GLIMMEN Sogar die Asche war aus dem Ofen entfernt worden. Und frisches Reisig und ein Schübchen Papier stak darin. Und man sah es glimmen durch die Löchlein der frischgeputzten Messingtüre. Aber es wollte nicht ruhig brennen. Es war zu kalt.

Regina Ullmann
1884–1961
Der Alte, in: Die Landstrasse, Gesammelte Werke, 1. Band
Einsiedeln Zürich Köln 1960

PAPIERKÜGELCHEN Doktor Reefy war von hohem Wuchs. Seit zehn Jahren trug er denselben Anzug; an den Ärmeln war er ausgefranst, und an den Knien und Ellbogen zeigten sich kleine Löcher. In der Praxis trug er darüber einen leinenen Staubmantel mit enorm großen Taschen, in die er dauernd Papierfetzen steckte. Im Laufe der Wochen wurden aus den Papierfetzen harte, runde Kügelchen, und wenn die Taschen voll waren, kippte er sie auf den Fußboden aus. Die ganzen zehn Jahre hatte er nur einen einzigen Freund, auch einen alten Mann namens John Spaniard, den Eigentümer einer Baumschule. Manchmal, wenn der alte Doktor Reefy übermütiger Laune war, nahm er eine Handvoll Papierkügelchen aus den Taschen und warf damit nach dem Baumschulenmann. »Scher dich zum Teufel, du sentimentaler, alter Faselhans«, rief er und wollte sich vor Lachen ausschütten.

Sherwood Anderson
1876–1941
Winesburg, Ohio
Olten und Freiburg im Breisgau 1963

ROSETTEN 8. Juni 1907
Überall in der Bauce war das Land mit rosa, gelben, grünen Vierecken in endloser Folge überdeckt. Ein schlichtes gemeines Ergötzen, aber in mir erweckte es ein einzigartiges fernes Behagen, an das ich lange nicht mehr zurückgedacht hatte: jenes Ergötzen, das man als Kind empfand, wenn man zum ersten Mal die großen farbenfrohen gelben, grünen und roten Blätter ausbreitete und zerschnitt, um aus ihnen kleine Rosetten zu kleben: das hieß dann ›Handarbeiten‹.

*Henri Alain-Fournier
1886–1914
Brief an Jacques
Rivière, in:
Jugendbildnis. Briefe
Berlin Frankfurt
am Main 1954*

GRÜNE GURKEN Jetzt zog er langsam und mit zitternden Händen den Mantel aus und legte einen Papierbeutel mit zwei grünen Gurken auf den Tisch, die er, warum, wußte er selber nicht, bei einem fliegenden Händler erstanden hatte. Von ihnen ging, sogar durch das Papier hindurch, ein Geruch nach Frühling aus, und frühlingshaft schimmerte durch das obere Fenster der schwache Aprilmond, der hoch am noch hellen Himmel stand.

*Iwan Bunin
1870–1953
Kasimir Stanislawowitsch, in:
Der Sonnenstich
Erzählungen
Stuttgart 1995*

PAPIERWÜNSCHE Davos, den 9. Juli 1923
Sehr geehrter Herr, […] Die Proben der Vorsatzpapiere sind in der *Druckfarbe* gut, die Papiere aber sind alle zu schwach oder ungeeignet in der Farbe. Vielleicht finden Sie noch ein lebhaft rosa gefärbtes Papier dafür im Ton so wie die hier beigeklebte Probe. Sehr schön wäre es, wenn in der Art des tabakbraunen gefleckten Papieres ein rosaes zu bekommen wäre.

Im Ganzen verspricht der Einband sehr schön zu werden und wird ohne aufzufallen doch durchaus eigenartig und dem Buch entsprechend wirken. Hoffentlich finden Sie auch ein gutes Leder für die Luxusausgabe. Ich erwarte nun die Druckprobe des Textes auf dem gelben Papiere und die Vorsätze auf kräftigem Rosa.

Hochachtungsvoll EL Kirchner

*Ernst Ludwig Kirchner
1880–1938
Brief an Kurt Wolff,
in: Kurt Wolff
Briefwechsel eines
Verlegers, 1911–1963
Frankfurt am Main 1966*

Jules Renard 1864–1910
Ideen, in Tinte getaucht
Aus dem Tagebuch
von Jules Renard
München 1986

IRGENDEIN LIED 18. Juni. 1894
Die Telegrafendrähte warfen Linien auf den Mond wie Notenpapier, und das genau in dem Augenblick, da es mich, bewegt und gerührt wie ich war, zu singen verlangte, irgendein Lied, das von Herzen gekommen wäre.

DER SCHATTEN DES FEDERHALTERS Ich tauchte die Feder ein, legte mir den Bogen zurecht und sammelte meine Gedanken, um sie zu Papier zu bringen. Es verging eine Weile, und nichts geschah. Außer dem Schatten meines Federhalters war kein Zeichen auf dem Papier zu sehen. Ich beugte den Kopf auf meinen Bogen herab und besah mir den Schatten des Federhalters, der sich mit dem Schatten meiner Finger vereinte wie Artverschiedenes miteinander, ohne daß etwas erzeugt wird.

Ich stand auf und nahm die Blätter hervor, die ich vor einigen Tagen geschrieben hatte. Während ich darin las, begann ich ein Geriesel, das Schriftstellern eigen ist, in meiner Hand zu spüren, das süße Rieseln nahe vor der Arbeit. Ich führte meine Hand aufs Papier und kleidete meine Gedanken in Worte.

S. J. Agnon
1888–1970
Und das Krumme
wird gerade
Berlin 1934

DÜRFTIGES PAPIER Zwar verwahrte er bei seinen Schriften ein leibhaftiges Andenken aus den Händen der Sängerin – einen wirklichen Brief! Doch keinen, der von Liebe gehandelt hätte. Nur einen, der, mit ungelenker Feder wie von einer Dienstmagd auf dürftiges Papier gesetzt, in grausam sachlichen Zusammenhängen die Hilfe des Empfängers ansprach.

Wilhelm Hausenstein
1882–1957
Lux Perpetua
Freiburg im Breisgau
München 1947

MUTLOS In einer Ecke lag ein Haufen wildzerknüllter Papiere. Der Boden war überdies wie beschneit mit kleinsten Papierfetzchen als Folge gewissenhaftester Zerreißung. Frau Edkins schüttelte den Kopf. »Das sieht ja nur aus wie eine Schreibstube«, sagte sie arg enttäuscht und ließ ihre rotgescheuerten Arme schlaff und mutlos hängen.

Ernst Penzoldt
1892–1955
Der arme Chatterton
Leipzig 1928

ZUGLUFT   Nach unserem kurzen Gespräch auf der Veranda ist Gerda zu Bett gegangen. Sie hat nach ihrer Gewohnheit die Türe offengelassen, es ist dadurch eine starke Zugluft entstanden, und alle von mir auf dem Schreibtisch gerichteten Papiere sind auf den Fußboden und sogar bis zu mir auf die Veranda geweht. Es regnete schon, und ich hätte mich erheben und die Papiere aufsammeln sollen. Ich habe das aber zunächst nicht getan. Statt dessen bin ich auf der Veranda sitzen geblieben und habe mir überlegt, wie es wäre, wenn ich die Geschichte eines Mannes schriebe, der nicht mehr schreiben will.

Marie Luise Kaschnitz
1901–1974
Der Schriftsteller, in:
Ausgewählte Erzählungen
Frankfurt am Main 1966

EIN NIEMAND   Ich hätte den Bahnhof anrufen sollen, aber die Kräfte verließen mich. Ich streckte mich auf dem Bett aus und dachte an Selbstmord. Wenn das Leben und die Seelenruhe eines Menschen von einer Aktentasche voller Papiere abhingen, dann war das Leben keinen Pfifferling wert. Man braucht nur ein paar Fetzen Papier zu verlieren und schon ist man ein Niemand.

Isaak Bashevis Singer
1904–1991
Die Aktentasche, in:
Der Kabbalist vom
East Broadway
München Wien 1976

ZAUBER   Es begann vielleicht damit, daß einer meiner Urgroßväter Buchdrucker und Verleger gewesen ist. Damit verirrte sich vermutlich ein Schuß Druckerschwärze in meine Gene. Diese in der zentralen Kammer meiner Existenz deponierte Anfälligkeit für Literatur hat über mein Leben entschieden und mich an Bücher und Gedrucktes, an Erdachtes und Gedichtetes fixiert. Allein Papier, nacktes weißes Papier, war für mich seit jeher ein Faszinosum, ein leeres Schreibheft ein Gegenstand der Verehrung. Vor der Auslage eines einschlägigen Geschäfts befiel mich Herzklopfen, denn all diese ausgelegten Blöcke, Hefte, Kontobücher enthielten für mich den Zauber einer ungeheuren Aufforderung, nämlich sie zu beschreiben, auf und in ihnen zu erzählen.
Immer hatte ich Angst, es könnte in der Welt zuwenig Papier geben für meine Sucht zu schreiben.

Gertrud Fussenegger
*1912
Notizen aus dem
Logbuch einer schrift-
stellerischen Existenz,
in: Nur ein Regenbogen
Erzählungen
Stuttgart 1987

KLARSTELLUNGEN Gegen fünf herum kam ich zurück. Und das erste, was ich sah: die Bootshüttentür stand offen. In einer Aufregung, die sich hier wahrscheinlich jedermann vorstellen kann, trat ich wieder ein. Das Schilflager, die Ledermappe, alles sah unberührt aus. Schön, ich zog die Tür also wieder zu. Legte mich hin. Kurz danach, so war mir, hörte ich vom Steg her Kindergeschrei. Ich scherte mich indessen weiter nicht darum, öffnete höchstens ein wenig die Augen, und rechts an meinen Füssen vorbei schaute ich friedlich durch die Einfahrt da vorn auf die vorbeiziehende Aarefläche, sah auch, zunächst erfreut, die Papierschiffchen an, sie sahen lustig aus, wie sie da draussen, in Gruppen zu dreien und vieren, durch den langen Schatten der Bootshütte vorüberglitten und hell und munter sich drehend in die sonnige Fläche weiter, ein hübsches Bild, wirklich, und erst als eins davon dicht vor der Einfahrt ins Kreiseln kam und ich mich aufsetzte, gleich auch vorbeugte, sah ich, es war beschrieben, es war mit den Zeichen eines Kugelschreibers bedeckt, ich schaute es an, wies weitertrieb, und noch eh es verschwand und noch eh ich da zur Balkenritze hochtastete, wusste ich schon, meine Notizen, meine ganz persönlichen Klarstellungen waren fort, die Kinder, natürlich, ein Bündel für sie von lustigem Schiffchenpapier, da schwamms nun vorbei.

Otto F. Walter
1928–1994
Herr Tourel
München 1962

FUNKENGARBE Das Laub aber der Bäume sah weiß aus, jedes Blatt wie aus Papier, und die gewaltige Funkengarbe, die aufstob über Bristol, begeistert und erschüttert so sehr Rowleys Sinne, daß ihm wird, als müsse er wirbeln und mit lauter Stimme aufjubeln und tanzen, denn es fehlt noch an Klang. Das Läuten aller Glocken, an deren Seilen die Kinder hängen, das Prasseln und Poltern, Krachen und Knistern kommt nicht auf gegen die rote herrliche Lohe, sie will Fanfaren dazu, schmetternde Messingmusik und zum Himmel rufende Chöre.

Ernst Penzoldt
1892–1955
Der arme Chatterton
Leipzig 1928

PAPIERUNIVERSUM Oft zu Ende des Tages, habe ich mich mit Janine über die Weltauffassung Flauberts unterhalten in ihrem Büro, in dem solche Mengen von Vorlesungsnotizen, Briefen und Schriftstücken jeder Art herumlagen, daß man meinte, mitten in einer Papierflut zu stehen. Auf dem Schreibtisch, dem ursprünglichen Ausgangs- beziehungsweise dem Sammelpunkt der wundersamen Papiervermehrung, war im Verlaufe der Zeit eine richtige Papierlandschaft mit Bergen und Tälern entstanden, die inzwischen an den Rändern, so wie ein Gletscher, wenn er das Meer erreicht, abbrach und auf dem Fußboden ringsum neue, ihrerseits unmerklich gegen die Mitte des Raumes sich bewegende Ablagerungen bildete. Vor Jahren bereits war Janine von den immerzu weiterwachsenden Papiermassen auf ihrem Schreibtisch gezwungen gewesen, an andere Tische auszuweichen. Diese Tische, auf denen sich in der Folge ähnliche Akkumulationsprozesse vollzogen hatten, repräsentierten sozusagen spätere Zeitalter in der Entwicklung des Papieruniversums Janines. Auch der Teppich war seit langem schon unter mehreren Lagen Papier verschwunden, ja das Papier hatte angefangen, vom Boden, auf den es fortwährend aus halber Höhe hinabsank, wieder die Wände emporzusteigen, die bis zum oberen Türrand bedeckt waren mit einzelnen, jeweils nur an einer Ecke mit einem Reißnagel befestigten, teilweise dicht übereinandergehefteten Papierbögen und Dokumenten. Auch auf den Büchern in den Regalen lagen, wo es nur ging, Stapel von Papier, und all dieses Papier versammelte auf sich in der Stunde der Dämmerung den Widerschein des vergehenden Lichts, wie vordem, so habe ich mir einmal gedacht, unter dem tintenfarbenen Nachthimmel der Schnee auf den Feldern. Janines letzter Arbeitsplatz ist ein mehr oder weniger in die Mitte ihres Büros gerückter Sessel gewesen, auf dem man sie, wenn man an ihrer stets offenen Tür vorbeikam, sitzen sah, entweder vornübergebeugt

W.G. Sebald 1944–2001
Die Ringe des Saturn
Frankfurt am Main 1995

kritzelnd auf einer Schreibunterlage, die sie auf den Knien hielt, oder zurückgelehnt und in Gedanken verloren. Als ich gelegentlich zu ihr sagte, sie gleiche, zwischen ihren Papieren, dem bewegungslos unter den Werkzeugen der Zerstörung verharrenden Engel der Dürerschen Melancholie, da antwortete sie mir, daß die scheinbare Unordnung in ihren Dingen in Wahrheit so etwas wie eine vollendete oder doch der Vollendung zustrebende Ordnung darstelle. Und tatsächlich wußte sie, was immer sie in ihren Papieren, in ihren Büchern oder in ihrem Kopf suchte, in der Regel auf Anhieb zu finden.

Silja Walter *1919
Der Wolkenbaum
Meine Kindheit im
alten Haus
Olten 1991

REGENBOGEN   Wenn das nur keine Geschichte gibt. Aber Papa sieht ja doch auch die neuen Druckmaschinen daherfahren, wenn er oben steht, sieht, was sie kosten, viel zu viel, denkt er, aber wenn er sich vorstellt, was die spucken in einer Minute, kommen dahergefahren, über die Huppergrube, spucken einen Regenbogen von Papier, gelb, grün, blau, rosa, lila über die Felder, auf jeden Fall, die Maschinen muß er haben. Von oben her, in der Übersicht alles sehen, da spielt das Geld keine Rolle mehr.

III

AUS DER ÄRMELTASCHE
HOCHROT
EIN PINSELZUG
IM SHINTOTEMPEL
REIN WEISS UND SCHÖN
PFLICHT
SORGFALT
LOS!
DAS STÜCKCHEN PAPIER
SCHNEE
DOPPEL-LOUISDOR
WECHSEL
RAUCHEN
BÄNDER UND PAPIERORDEN
GRUGELN
AUF EINMAL
DIARIUM
PAPIERSCHRANK
TITAN
PREISVERTEILUNG
GENERALBEFEHLE
VERSTÖRUNG
EIN SINTMEER
SCHNEEBÄLLE
IM KORRIDOR
LETTERN
DICKER PFEIL

—

*Autor unbekannt
Der illustre Doktor Tang,
in: Kin Ku Ki Kwan
Geschichten aus alter
und neuer Zeit
Um das Jahr 1600*

*Das Kopfkissenbuch
der Hofdame
Sei Shonagon
um das Jahr 1000
Zürich 1952*

*Mein Haus liegt
menschenfern doch
nah der Dinge
Dreitausend Jahre
chinesischer Poesie
München 1988*

*Autorin unbekannt
Kagero Nikki. Tagebuch
einer japanischen
Edelfrau ums Jahr 980
Zürich 1955*

AUS DER ÄRMELTASCHE »Mein sehnlichster Wunsch ist jetzt, in einem größeren Haushalt als Schreiber Beschäftigung und Unterkunft zu finden. Ich dachte, daß vielleicht der Herr Großsekretär Verwendung für mich hätte. Ich würde ihm zu unauslöschlichem Dank verpflichtet sein.«

Bei diesen Worten zog er aus seiner Ärmeltasche ein Blatt Papier hervor und reichte es dem Geschäftsführer hin. Es enthielt ein paar Reihen Schriftzeichen, in feinstem, sauberstem Kanzleistil geschrieben. Der Geschäftsführer war von der artigen Schriftprobe aufs angenehmste überrascht.

HOCHROT Nun schrieb ich auf ein dünnes rosafarbiges Papier nur: »Schickt ein gemeiner Kerl den Brief durch seinen Diener? Wer so etwas tut, ist nur ein kaltherziger Mann«, und sandte es, diesmal mit einem hochroten Pflaumenblütenzweig, an den Kanzler.

EIN PINSELZUG Auf weißem Blatt ein schwarzer Pinselzug: Um Tod zu bringen, ist ein Wort genug.

IM SHINTOTEMPEL Heimlich schlich ich mich aus dem Hause. Ich schrieb drei Gedichte auf das geweihte Papier, das im Shintotempel aufgehängt ist. Das eine brachte ich dem Jnari-Tempel dar, unten am Jnari-Berg. [...] Am letzten Tage des gleichen Monats besuchte ich den Kamo-Shintotempel. Dem untern brachte ich zwei geweihte Papierstücke und dem obern auch zwei. Auf jedem Papier stand ein anderes Gedicht.

REIN WEISS UND SCHÖN
Philipp Hackert

Minister Acton, der die Landkarten u.s.w. stechen ließ, wollte Papier zum Drucken haben. Da Hackert ihn öfter sah und wöchentlich wenigstens einmal bei ihm speiste, so kam die Rede auch auf das Papier. Endlich fand sich in Trajetto ein reicher Mann, Don Stefano Merola, der eine Papiermühle hatte, wo sehr mittelmäßig Papier gemacht wurde; dieser wollte sich wegen seiner Kinder bei dem Hofe Verdienst verschaffen und unternahm daher das Werk. Nach und nach, in Zeit von sechs Monaten, wurde das Papier zur Vollkommenheit gebracht. Georg ließ auf dasselbe seine Platten drucken. Der Direktor der königlichen Druckerei fand es voller Fehler und wollte nicht drauf drucken lassen, weil er den König nicht dabei betrügen konnte. Die Brüder Hackert brauchten alle Vorsicht bei der Sache, ließen von jeder Art des Papiers, welches die königliche Druckerei gemeiniglich braucht, einen Bogen zur Probe geben, wobei der Direktor mit eigner Hand den Preis aufschrieb. Nach vielem Gefechte kam der König unverhofft zu beiden Brüdern in Neapel. Nachdem er oben bei Philipp alles gesehen hatte, ging er ins Studium zu Georg, um zu sehen, was er und seine Schüler machten. An eben dem Tage war ein Frachtwagen von Trajetto mit Papier für die Kupferdruckerei der Gebrüder angekommen. Es stand auf Brettern an der Erde in großen Stößen da. Der König, der gewohnt war, alles genau zu sehen und zu wissen, fragte sogleich, wozu die große Menge Papier dienen sollte. Die Antwort war sehr kurz: »Zu unsern Kupferplatten haben wir es von Trajetto kommen lassen.« – »Was!« sagte der König, »von des Stefano Merola Papier?« – »Ja, Eure Majestät!« – »Wie ist es möglich, daß ihr so viel Papier kommen lasset? denn heute früh ist der Direktor Carcani bei mir gewesen und hat mir versichert, daß es nichts taugt. Er hat mir einen Bogen ohne Druck und einen mit Druck gezeigt; ich fand wirklich, daß das Papier schlecht ist.« – Der König zog gleich einen Bogen mitten aus dem Stoß heraus, betrachtete ihn gegen das Licht und sagte: »Ich sehe, daß es egal ist und ohne Knoten.« Er betrachtete es platt und sagte: »Es ist rein weiß und schön.« Man zeigte dem Könige aus jedem Stoß einen Bogen; es war alles gut. Georg sagte: »Wenn es nicht gut ist, so muß Merola den Ausschuß zurücknehmen.« Der König ward auf das heftigste aufgebracht über den Direktor seiner Druckerei. Georg kam mit den gewöhnlichen Bogen hervor, deren sich die königliche Druckerei bediente, worauf Carcani die Preise und seinen Namen eigenhändig geschrieben hatte. Als der König das schlechte und noch einmal so teure Papier sah, ward er noch zorniger und sagte: »Carcani ist ein S – –.« Endlich besänftigte er sich und sagte: »Morgen früh werde ich die Kerls in Ordnung bringen.« Minister Acton war gleichfalls falsch berichtet und sagte zu Philipp: »Das Papier ist noch nicht geraten.« Dieser antwortete: »Eure Excellenz, es ist gut, und wir lassen darauf drucken.« Der Minister kam gleich nach dem Mittagmahl ins Studium zu Philipp und Georg, sah den Betrug ein und bat, sogleich einige Ries* zu seinen See- und Landkarten kommen zu lassen, die in seine Sekretarie gebracht werden mußten. Alsdann machte er damit den Carcani schamrot, und alles wurde nunmehr auf dieses Papier gedruckt, das in der Folge immer besser wurde.

Johann Wolfgang von Goethe 1749–1832
Philipp Hackert, in: Goethes Werke, Band 22/23
Leipzig und Wien um 1900

*1 Ries: altes Mass für 500 Bogen Papier

PFLICHT   Hamburg, 19. August 1843
Ich werde meinen Gewohnheiten ungetreu. Ein gebundenes Tagebuch! Vierundzwanzig Bogen auf einmal! Ein starker Wechsel, auf die Zukunft gezogen! Sonst beschrieb ich Blatt nach Blatt und heftete nachher alles mühsam mit der Nadel zusammen. Doch, man reist nach Paris und Italien steht in Aussicht. Da ist es vielleicht vernünftig, daß man sich durch eine solche Masse weißen Papiers die Pflicht, es zu beschreiben, immer gegenwärtig hält.

Friedrich Hebbel 1813–1863
F. H. in Paris. Briefe, Tagebücher, Gedichte Konstanz 1948

SORGFALT   »Ich liebe die Weiße des Papiers mehr denn je, und all meine Sorgfalt soll hinfort nur den Dingen gelten, die es wert sind, auf Seide geschrieben oder in Erz gegraben zu werden. Ich habe mich auf zwei oder drei Träumereien eingelassen, die zu verfolgen mich erschöpft. Eines Tages werde ich mitten in einem schönen Satz oder ganz von einem schönen Gedanken erfüllt den Geist aufgeben. Das ist um so wahrscheinlicher, als ich seit einiger Zeit damit beschäftigt bin, Unausdrückbares auszudrücken.«

*Joseph Joubert
1754–1824
»Hohle Gedanken...«,
in: Friedhelm Kemp
»...das Ohr, das spricht«
München Wien 1989*

LOS!   »Weder du noch sie, ihr werdet, was geschehen ist, nicht vergessen.« Alsdann stopfte er ihm irgend etwas in den Ärmelaufschlag, und ohne zu wissen, wie, sah sich der Postmeister auf der Straße.
  Lange verharrte er regungslos, endlich bemerkte er im Ärmelaufschlag ein Papierbündel; er nahm es heraus und blätterte einige zerknüllte Fünfzigrubel-Assignaten auf. Wieder traten ihm die Tränen in die Augen – Tränen der Empörung. Er preßte die Papierchen zu einem Klumpen zusammen, schleuderte ihn auf den Boden, trat darauf mit dem Hacken und ging weiter ... Nachdem er einige Schritte gegangen war, blieb er stehen, überlegte, kehrte um – die Assignaten lagen schon nicht mehr da. Ein wohlgekleideter junger Herr rannte, als er des Postmeisters gewahr wurde, auf eine Droschke zu, nahm in ihr Platz und rief: »Los!«

*Alexander Puschkin
1799–1837
Der Postmeister, in:
Russische Erzähler
Reinbek bei
Hamburg 1964*

DAS STÜCKCHEN PAPIER   »Sie entsinnen sich des Abends«, sagte er, »da ich Ihnen jene flüchtige Skizze hinreichte, die ich von dem Skarabäus angefertigt hatte. Sie erinnern sich auch, dass ich ganz ärgerlich wurde, als Sie darauf bestanden, meine Zeichnung gliche einem Totenkopf. Ich dachte anfangs, als Sie diese Behauptung aufstellten, es wäre ein Scherz. Doch dann rief ich mir die eigentümlichen Punkte auf dem Rücken des Insektes ins Gedächtnis zurück und musste zugeben, dass Ihre Bemerkung einigermassen begründet war. Das Bespötteln meiner zeichnerischen Fähigkeiten reizte mich aber, denn man hält mich für einen guten Zeichner, und deshalb war ich nahe daran, das Stückchen Pergament, als Sie es mir reichten, zusammenzuknüllen und ärgerlich ins Feuer zu werfen.«

»Das Stückchen Papier meinen Sie«, sagte ich.

»Nein, es sah zwar so ähnlich aus wie Papier, und auch ich hielt es anfangs dafür; doch als ich darauf zu zeichnen begann, entdeckte ich sofort, dass es ein Stück sehr dünnes Pergament war. […] Ich habe schon betont, daß es ein Pergamentfetzen war und kein Papier. Pergament ist dauerhaft, beinahe unverwüstlich. Dinge ohne Belang werden selten dem Pergament anvertraut, zumal es sich als gewöhnliches Schreibpapier und zum Zeichnen nicht halb so gut eignet wie Papier. Diese Überlegung wies auf irgendeine Bewandtnis, eine Wichtigkeit dieses Totenkopfes hin.«

Edgar Allan Poe
1809–1849
Der Goldkäfer, in:
Erzählungen
München 1959

SCHNEE Und Akaki Akakiewitsch nahm auch alles so entgegen, wie man es ihm bot, und hatte nur Augen für das Papier und sah gar nicht erst auf den, der es ihm reichte und ob dieser auch dazu berechtigt war; er nahm es entgegen und machte sich sofort an die Arbeit. Die jungen Beamten lachten ihn aus und machten Späße mit ihm, wie das solche Kanzleigehirne eben verstehen. So erzählten sie in seiner Gegenwart Geschichten über ihn und seine Wirtschafterin, ein siebzigjähriges Weib, und sagten, daß diese ihn prügle, oder sie fragten, wann die Hochzeit sei; auch streuten sie Papierschnitzel auf seine Glatze und meinten, das sei Schnee. Doch Akaki Akakiewitsch erwiderte mit keiner Silbe und tat, als sähe er nichts. Es störte ihn auch nicht im geringsten in seiner Arbeit; mitten unter allen diesen Sticheleien machte er nicht einen einzigen Fehler im Briefe.

Nikolaj Gogol
1809–1852
Der Mantel
Leipzig um 1930

DOPPEL-LOUISDOR Und dazu nichts als das »Billett«! So froh ich war, es so zu haben, so konnt' es doch am Ende nicht für alles aufkommen. Ich litt ernstlich unter meiner sehr prekären Geldlage. Was ich von Geld hatte, hatte ich in meinen zwei Hosentaschen untergebracht, rechts einen Taler und einige kleinere Silberstücke, links einen in ein Stückchen Papier gewickelten Doppel-Louisdor. Woher dieser eigentlich stammte, weiß ich nicht mehr.

Theodor Fontane
1819–1898
Aus den
Erinnerungsbüchern
Stuttgart 1970

WECHSEL Eines Tages jedoch erschien bei ihr ein schäbig aussehender Mann, kahlköpfig und mit rotem Gesicht, und erklärte, er sei von Herrn Vincard in Rouen geschickt. Er zog die Stecknadeln heraus, mit denen er die eine Brusttasche seines langen grünen Rockes verschlossen hatte, steckte sie im Ärmel fest und reichte ihr höflich ein Papier.
Es war ein von ihr unterschriebener Wechsel auf siebenhundert Franken.

Gustave Flaubert
1821–1880
Madame Bovary
Zürich 1967

RAUCHEN Es ist noch nicht lange her, daß ihm das Bärtchen wächst. Das kommt bestimmt vom Rauchen. Denn seit der Vater tot ist, hat er angefangen zu rauchen. Zuerst hat er sich damit gequält, hat sich verhustet. Jetzt zieht er den Rauch ein und kann ihn schon durch die Nase herauslassen. Das ist eine feine Sache.
Meint ihr, ich kann das nicht? Meine Sorge ist nur, daß ich kein Geld hab. Ich rauche Papier, Stroh, ich rauche Gottweißwas. Das hat mein Bruder Eliohu gemerkt. Er hat mich gut abgekanzelt. Er darfs, ich darfs nicht!

Scholem-Alejchem
1859–1916
Mottl der Kantorssohn
Frankfurt am Main 1965

BÄNDER UND PAPIERORDEN »War mal, ist nicht mehr«, sagte Kalugin, als wir mit der Pferdewurst fertig waren. Er ging fort und kam mit zwei Kästen zurück – Geschenken des Sultan Abdul Hamid an den russischen Zaren. Das eine war ein Zinkkästchen, das andere eine Zigarrenkiste mit Bändern und

Papierorden beklebt. »Für Seine Majestät, den Herrscher aller Reußen, von seinem wohlaffektionierten Cousin ...«

Maria Fjodorownas Bibliothek erfüllte ein Aroma, das sich seit fünfundzwanzig Jahren nicht geändert hatte. Die Zigarren, zwanzig Zentimeter lang und dick wie ein Daumen, waren in rosa Papier gehüllt; ich weiß nicht, ob irgend jemand in der Welt außer dem allrussischen Selbstherrscher solche Zigarren raucht, trotzdem wählte ich mir eine aus. Kalugin sah mir lächelnd zu.

»War mal, ist nicht mehr«, sagte er, »die werden zum Glück nicht mehr nachgezählt ...«

Isaak Babel 1894–1941
Der Weg, in:
Budjonnis Reiterarmee
Olten und Freiburg
im Breisgau 1960

GRUGELN
Die Kugeln

Palmström nimmt Papier aus seinem Schube.
Und verteilt es kunstvoll in der Stube.

Und nachdem er Kugeln draus gemacht.
Und verteilt es kunstvoll, und zur Nacht.

Und verteilt die Kugeln so (zur Nacht),
daß er, wenn er plötzlich nachts erwacht,

daß er, wenn er nachts erwacht, die Kugeln
knistern hört und ihn ein heimlich Grugeln

packt (daß ihn dann nachts ein heimlich Grugeln
packt) beim Spuk der packpapiernen Kugeln ...

Christian Morgenstern
1871–1914
Die Kugeln, in:
Palmström
Berlin 1929

AUF EINMAL
»Ich muß jetzt aber ganz notwendig mit Aglaja Iwanowna sprechen. Ich habe hier für jeden Fall ein paar Worte an sie geschrieben« (er hatte auf einmal einen kleinen, zusammengefalteten Zettel in der Hand) »und weiß nun nicht, wie ich sie ihr zugehen lassen soll. Möchten Sie es nicht übernehmen, Fürst, dieses Blättchen an Aglaja Iwanowna abzugeben, jetzt gleich, aber nur an Aglaja Iwanowna allein, das heißt so, daß es niemand sieht, verstehen Sie?«

Fjodor M. Dostojewski
1821–1881
Der Idiot
Leipzig 1921

DIARIUM   Vom Turbot bis zur Wildpastete, vom Kapaun bis zum Caramel-Gefrorenen, zu Kaffee und Kirschwasser folgte der Gang des Mahles allen Regeln bürgerlicher Überlieferung. Nicht als ob es genau diese Speisen hätten sein müssen. Doch verkörperten sie einen Aufwand und eine Sorgfalt, wie sie vom Brauch für eine solche Gelegenheit im Grundsatz verlangt waren. In einem vergilbten Heft mit reizendem Umschlag aus marmoriertem rosa Papier und mit der lithographierten Etikette »Diarium« fand sich von einer nicht näher bezeichneten Hand die sattsame Erfüllung der Sitte denn auch ausdrücklich bestätigt und belobt.

Wilhelm Hausenstein
1882–1957
Lux Perpetua
Freiburg im Breisgau
München 1947

PAPIERSCHRANK   Zuerst öffne ich den Papierschrank in meinem Atelier. Ich besitze ihn seit dem Bau meines jetzigen Hauses, er enthält eine Reihe sehr breiter und tiefer Zugfächer für Papierbogen. Der Schrank und das viele, zum Teil edle und alte, heute meist nicht mehr zu beschaffende Papier ist eine jener Wunscherfüllungen nach dem Spruch »Was man in der Jugend wünscht, hat man im Alter die Fülle«. Als kleiner Knabe habe ich zu Weihnacht und Geburtstag mir jedesmal Papier gewünscht, als etwa Achtjähriger tat ich es auf dem Wunschzettel mit den Worten ›Ein Bogen Papier so groß wie das Spalentor‹. Später habe ich immer wieder Gelegenheiten zum Erwerb schöner Papiere benützt, oft habe ich sie gegen Bücher oder gegen Aquarelle eingetauscht, und seit der Schrank existiert, bin ich Besitzer von weit mehr Papier als ich je werde verbrauchen können. Ich öffne den Schrank und gehe ans Auswählen eines Papiers, manchmal locken mich die glatten, manchmal die rauhen, manchmal die edlen Aquarellpapiere, ein andermal die einfacheren Druckpapiere. Diesmal bekam ich beim Suchen Lust auf ein sehr einfaches, leicht gelbliches Papier, von dem ich noch wenige gesparte Bogen pietätvoll bewahre. Es ist das Papier, auf das einst eines meiner liebsten Bücher, die »Wanderung«, gedruckt wurde. Dies Papier ist nicht kostbar, aber es hat eine besondere, ganz schwach saugende Porosität, die den darauf gesetzten Wasserfarben etwas leicht Verbleichtes, Altes gibt. Es hatte, wie ich mich erinnerte, auch seine Gefahren, doch wußte ich nicht mehr welche es seien, und mich von ihnen überraschen und auf die Probe stellen zu lassen, dazu war ich gerade aufgelegt. Ich nahm die Bogen heraus, schnitt mit dem Papierfalzer das erwünschte Format zurecht, suchte ein passendes Stück Karton als Schutzmappe dazu, und begann meine Arbeit.

*Hermann Hesse
1877–1962
Brief an Karl Kerény, in:
»Briefmosaik«
Neue Schweizer
Rundschau III/1950*

TITAN   Stolzer Besitz: die schön gebundene Erstausgabe von Jean Pauls »Titan«, vier Bände, Berlin 1800, in der Buchhandlung des Kommerzienrats Matzdorff. Schneeweißes Papier, klarer Druck.

*René Schickele
1883–1940
Eine Regenwoche, in:
Die Grenze
Berlin 1932*

PREISVERTEILUNG   30. Mai 1906
Oder der Morgen eines Festtags, ein wenig verwirrt vom frühen Aufstehen, diese fiebrige Morgenfrische eines schönen Tages, der sehr heiß werden würde, wenn man die Bücher für die Preisverteilung in ihren Papierumschlägen auf einem Handkarren zur Schulvorsteherin bringt.

*Henri Alain-Fournier
1886–1914
Brief an Isabelle Rivière,
in: Jugendbildnis. Briefe
Berlin Frankfurt
am Main 1954*

GENERALBEFEHLE   Aber mein privates Herz schlägt in einer sentimentalen (und jüngst wieder etwas unmodern gewordenen) Weise für die kleinen Wesen, denen man befiehlt und die gehorchen, gehorchen, gehorchen, und läßt mich selten zu der Objektivität für die großen gelangen, die befehlen, befehlen, befehlen. Was den Direktor betrifft, so wiederhole ich mir manchmal den mildernden Umstand: auch ihm wird befohlen; von der Aktiengesellschaft, das ist wahr! Aber die Befehle, die er empfängt, werden ihm einmal im Jahr, für alle 365 Tage gegeben, es sind Generalbefehle, auf einem schönen Bogen Papier niedergeschrieben, beinahe Dokumente.

*Joseph Roth 1894–1939
Der Patron, in:
Panoptikum
Gestalten und Kulissen
Köln 1976*

VERSTÖRUNG   »Ich bin kein Schriftsteller. Der bloße Anblick eines weißen Blatts Papier verstört mir die Seele. Die Art körperlicher Sammlung, die eine solche Arbeit auferlegt, ist mir so verhaßt, daß ich ihr so oft als möglich aus dem Weg gehe. Ich schreibe im Café, auf die Gefahr hin, für einen Trunkenbold gehalten zu werden; und vielleicht wäre ich auch wirklich einer, wenn die allgewaltige Republik den Tröster Alkohol nicht unbarmherzig besteuerte.

Georges Bernanos
1888–1948 Albert Béguin
G. B. rororo
Bildmonografie
Hamburg 1958

EIN SINTMEER
Papier I

Länder aus Papier
Die Welt wird
dokumentarisch beglaubigt

Wir schreiben uns wund
Legitimier deinen Atem
schwarz auf weiß

Papiergewordener Wald
Es regnet Rechnungen
Zertifikate Zeitungen
Passagierscheine Papierscheine
Scheine
ein Sintmeer

Die Arche wo

Rose Ausländer
1901–1988
Die Musik ist zerbrochen
Gedichte
Frankfurt am Main 1984

SCHNEEBÄLLE   Zur selben Zeit, im Frühsommer 1931, saß unser Vater, der 26jährige Clemens Podewils, an seinem Pariser Schreibtisch im Hause 25 Boulevard Montparnasse, dem ehemaligen Palais der Madame de Maintenon. Zu seinen Füßen sammelten sich zerknüllte Briefentwürfe wie verstreute Schneebälle. Die mit ihm zusammenlebende und -arbeitende jüngere Schwester erzählte später, wie sie ihn in froher Erregung und höchster sprachlicher Anspannung angetroffen habe. Sanft wollte er seine Worte setzen, mit ihrer Melodie ein Herz treffen. Es sollten schwarzgeränderte Worte sein und zugleich solche mit Glanz.

Barbara von Wulffen
*1936
Brautleute, in:
Urnen voll Honig
Frankfurt am Main 1989

IM KORRIDOR   Als der Verwalter mit der Studentin gegangen war, öffnete ich die Tür zum Nebenraum. Sie knarrte nicht, ließ aber weißen Farbstoff herabrieseln.
Da sie sich nicht festmachen ließ, hob ich im Korridor ein Stück Papier auf und klemmte es unter die Tür. Drüben war ein kleineres Zimmer mit einer neuen Wanne, die mit einem weißlichen trüben Alkoholgemisch gefüllt war. Das Licht aus dem hohen Kellerfenster ließ die Wanne neblig weiß leuchten.

*Kenzaburo Oe *1935*
Der Stolz der Toten, in:
Japan erzählt
Frankfurt am Main
und Hamburg 1969

LETTERN

Verschwenderisch ergiesst man sich auf Papier.
Wer in Steine schreibt,
wird sparsam mit Lettern.

Christine Busta
1915–1987
Schrift und Inschrift, in:
Der Atem des Wortes
Gedichte
Salzburg 1995

DICKER PFEIL   Der Flur war kühl, der Lift stieg mit leisem Summen. Huemer klingelte an der Wohnungstür. Als innen sich nichts rührte, drückte er ein zweites Mal auf den Knopf, er horchte dem leisen Schnarren nach. Es blieb still. Niemand zuhause. Huemer hatte einen Schlüssel, er sperrte auf. Er fand einen Zettel, sichtbar hingelegt für ihn, daß er ihn gleich auch sehe, und durch einen dicken Pfeil mit Rotstift noch extra bezeichnet.

Franz Tumler 1912–1998
Der Mantel
Frankfurt am Main 1959

IV

SCHNÜFFELEI

BEGEISTERT

LIEBESBRIEFE

VERWUNDERT

CHARADEN

PAPIERS NATUR

BITTSCHRIFT

VULKAN

SCHRIFTENBÜNDEL

SCHMETTERLINGE

UMRINGT VON BÜCHERN

HERRLICHKEITEN

NICHTS ALS ASCHE

AUF DER STRASSE

FLIEGEN

HERRLICHE SORTEN, GANZE BALLEN!

SCHREIBEN LERNEN

TABAKSDOSE

HÖHERE IDEE

GLANZPAPIER

FETTFLECKEN

RATSCHLÄGE

METZGERLÄDEN

GRABMAL

SCHREI NACH PAPIER

WENN ES MÖGLICH WÄRE

LANDKARTE

SCHNÜFFELEI Dann stand er auf und entschuldigte sich für einen Augenblick.

Die Zeit seiner Abwesenheit benutzte der Besucher, um ein wenig in den auf dem Schreibtisch liegenden Blättern und Papieren herumzuschnüffeln. Dabei stieß er auf ein mit einem vierstrophigen Gedicht beschriebenes Blatt. Dieses Gedicht war das gleiche, das er damals bei der Flucht seines Geschäftsführers an die Zimmerwand geschrieben vorgefunden hatte! Als nach einer Weile der Illustre zurückkam, hielt ihm sein Besucher dieses Gedichtblatt entgegen.

Autor unbekannt
Der illustre Doktor Tang,
in: Kin Ku Ki Kwan
Geschichten aus alter
und neuer Zeit
Um das Jahr 1600

BEGEISTERT Entzückt über das schöne Papier, beeilte ich mich, es zu heften und meine Gedanken daraufzuschreiben, und in Wahrheit war ich so begeistert, daß mir im Nu meine Langeweile verging und ich bis ins Innerste meines Herzens froh wurde.

Das Kopfkissenbuch
der Hofdame
Sei Shonagon
um das Jahr 1000
Zürich 1952

LIEBESBRIEFE Die Zofen alle sahen recht beunruhigt drein, und ich war sehr verwirrt. Ich sah, das Papier dieses Briefes war um nichts besser als bei irgendeinem Liebesbriefe. Die Handschrift war so schlecht, daß ich zweifelte, ob er dies selbst geschrieben; denn er stand im Rufe eines Schreibkünstlers.

Autorin unbekannt
Kagero Nikki. Tagebuch
einer japanischen
Edelfrau ums Jahr 980
Zürich 1955

VERWUNDERT Kiau-luan legte den Liebesbrief, nachdem sie ihn gelesen, oben auf ihr Bücherpult. Sie begann alsdann sich das Haar zu machen und hatte noch keine Antwort geschrieben, als ganz unerwartet die Tante Tsau in das süßduftende Zimmer trat, und als sie einen mit Versen bekritzelten Bogen Papier bemerkte, verwunderte sie sich sehr […]

Chinesisches
Novellenbuch
zwischen 1370 und 1550
Basel 1945

CHARADEN 15.–20. März, 1804

Das Charadenwesen ist hier bis zur Sucht geworden. Drechslers Caffehaus sah eine Zeitlang aus, wie eine Börse. Wo man hinsah, zog einer ein Papirlein aus der Tasche, oder hatte eins in den Händen, und studirte dran, oder tauschte eins mit dem Nachbarn aus. [...] Da gab es denn, während man dem Spiel zusah und zuhörte, mancherley stille Beobachtungen zu machen. Man konnte den Scharfsinn und Witz, man konnte, da bisweilen literarische Anspielungen einflossen, die Belesenheit und Kenntniße, man konnte sogar ein par moralische Eigenschaften, und den eigenen Gang der Ideenassociation bei dem und ienem belauschen, und das war für mich bey dem ganzen Spiel das interessanteste.

Johann Peter Hebel
1760–1826
Brief an F.W.Hitzig, in:
J.P. Hebel. Briefe
Karlsruhe 1957

PAPIERS NATUR

Papiers Natur ist Rauschen,
Und rauschen kann es viel,
Leicht kann man es belauschen,
Denn es stets rauschen will.

Des Knaben Wunderhorn. Alte deutsche Lieder. Gesammelt von L. Achim von Arnim und Clemens Brentano
München 1957

BITTSCHRIFT   Aber jetzt gehe Er nach Hause, lieber Freund, und kaufe Er sich einen Bogen Papier und schreibe Er die Bittschrift; ich will hier auf Ihn warten.

Clemens Brentano
1778–1842
Geschichte vom braven Kasperl und dem schönen Annerl, in: Gedichte, Erzählungen, Briefe
Frankfurt am Main und Hamburg 1958

VULKAN   Eines Tages steckten sie einer alten Pietistin, einer Freundin der Frau Hochon, ölgetränktes Papier und drei mit Schwefel bestrichene Strohbündel in die Kaminröhre. Als die arme Frau, ein ruhiges und sanftes Wesen, am Morgen ihr Feuer entzündete, glaubte sie, einen Vulkan entzündet zu haben. Die Feuerwehr kam, die ganze Stadt eilte herbei, und da sich unter der Feuerwehr ein paar Ritter des Müssigganges befanden, so überschwemmten sie das Haus der alten Frau, der sie jetzt die Angst einjagten, sie werde ertrinken, nachdem sie sie zuvor mit dem Feuer erschreckt hatten.

Honoré de Balzac
1799–1850
Junggesellenheim
Leipzig 1925

SCHRIFTENBÜNDEL Hierauf ging er an seine Papiere. Alle Fächer des Schreibtisches und der zwei anderen Tische wurden herausgezogen, und alle Schriften, die darin waren, Stück für Stück untersucht. Einiges wurde bloss angeschaut und an bestimmten Stellen zum sofortigen Einpacken zusammengelegt, anderes wurde gelesen, manches zerrissen und auf die Erde geworfen und manches in die Rock- oder Brieftasche gelegt. Endlich, da auch alle Tischfächer leer waren und auf ihren Böden nichts zeigten als den traurigen Staub, der die langen Jahre her hineingerieselt war, und die Spalten, die sich unterdessen in dem Holze gebildet hatten, band er auch die hingelegten Schriften in ein Bündel und legte sie in den Koffer.

Adalbert Stifter
1805–1868
Der Hagestolz
Zürich 1946

SCHMETTERLINGE Am Hafen, zwischen den Rollwagen und Fässern, in den Straßen und an den Ecken machten die Bürger große Augen und bestaunten diese in der Provinz so ungewohnte Erscheinung: einen Wagen mit herabgelassenen Vorhängen, der immer wieder auftauchte, bald da, bald dort, verschlossen wie ein Grab und schaukelnd wie ein Schiff.

Einmal nur, auf freiem Feld, um die Mittagsstunde, als die Sonne am heißesten auf die alten versilberten Laternen brannte, langte eine bloße Hand unter dem kleinen, gelbleinenen Fenstervorhang hervor und warf eine Handvoll Papierschnitzel hinaus, die im Winde verflatterten und auf ein rotblühendes Kleefeld niedersanken wie weiße Schmetterlinge.

Gegen sechs Uhr abends hielt die Droschke in einem Gäßchen des Viertels Beauvoisine. Eine dichtverschleierte Dame stieg heraus und ging, ohne sich umzuschauen, davon.

Gustave Flaubert
1821–1880
Madame Bovary
Zürich 1967

UMRINGT VON BÜCHERN Glücklicherweise sprach Sidorow in dieser milchweißen Mondnacht kein Wort. Er saß, umringt von Büchern, und schrieb. Auf dem Tisch flackerte eine bucklige Kerze, unheilkündender Scheiterhaufen aller Grübler.

Scholem-Alejchem
1859–1916
Mottl der Kantorssohn
Frankfurt am Main 1965

HERRLICHKEITEN   Strassburg, 1. Januar 1836
Ich komme vom Christkindelsmarkt: überall Haufen zerlumpter, frierender Kinder, die mit aufgerissenen Augen und traurigen Gesichtern vor den Herrlichkeiten aus Wasser und Mehl, Dreck und Goldpapier standen. Der Gedanke, daß für die meisten Menschen auch die armseligsten Genüsse und Freuden unerreichbare Kostbarkeiten sind, machte mich sehr bitter.

*Georg Büchner
1813–1837
Werke und Briefe
Wiesbaden 1958*

NICHTS ALS ASCHE   »Was, Mütterchen, sollten sie denn wohl kosten? Überlegen Sie doch: Asche und nichts als Asche! Selbst der älteste, unbrauchbarste Fetzen hat noch immer seinen Wert, den kauft Ihnen die Papierfabrik ab und stampft ihn ein. Aber die toten Seelen – sagen Sie doch selbst, wozu sollen die noch von Nutzen sein?«

*Nikolaj Gogol
1809–1852
Die toten Seelen
München 1961*

AUF DER STRASSE   Es begann ein Schauspiel, das mir neu war. Die Menschen in den Häusern an den Fenstern zerrissen Zeitungen, alte Bücher, Hefte; alles was Papier war und schütteten es auf die Straße herunter. Ein Papierregen ließ sich auf die Straße nieder und bedeckte Trottoir und Asphalt.
  Der entsetzliche Krieg war zu Ende.

*Alfred Döblin
1878–1957
Schicksalsreise
Bericht und Bekenntnis
Frankfurt am Main 1949*

FLIEGEN   Ja, während auf ihren Bärten, Nasen und Stirnen Fliegen spazieren, reden sie gemütlich und lachen. In der Konditorei hat man jeden Kampf gegen Fliegen aufgegeben, man schließt nicht einmal die Glaskästen, nährt sie reichlich mit Zucker und Schokolade, man verwöhnt sie geradezu. Das Fliegenpapier, das ein Amerikaner erfunden hat und das ich von allen Segnungen der Kultur am tiefsten haßte, erscheint mir in Astrachan als ein Werk edler Humanität. Aber es gibt in ganz Astrachan kein einziges Stück jener köstlichen gelben Materie. Ich frage in der Konditorei: Warum haben Sie kein Fliegenpapier?

*Joseph Roth 1894–1939
Reise in Russland 1926,
in: Der neue Tag
Köln Berlin 1970*

HERRLICHE SORTEN, GANZE BALLEN! Und welche Entdeckerfreude, wenn ihm, wie einst mir, auf einem Speicher einige Lagen prächtigen alten Hadernpapiers in die Hände fallen oder das kaum in Gebrauch genommene dicke Hauptbuch einer hanseatischen Firma mit schönem Zandersbütten vom Jahre 1821 zum Geschenk gemacht wird! Auch unter den handgeschöpften Bütten unserer Tage findet man herrliche Sorten, die weit anregender sind als das übliche »Zeichenpapier« der Blocks und Skizzenbücher. Wer sucht, der findet, und wer wünscht, der erhält. Mir wurde von meinem Vater, einem K.K. Geometer, der manches Archiv kannte, vor über 40 Jahren ein ganzer Ballen aufgelassener österreichischer Katastermappen gegeben; die freie Rückseite der Pläne war mehr als ein Menschenalter die beinahe einzige Unterlage, auf der ich arbeitete. Dieses Papier ist jetzt über 100 Jahre alt, von unverwüstlicher, pergamentartiger Beschaffenheit, und als es dann endlich zur Neige ging und ich sparen mußte, war das eine schwere Klippe für mich, denn ich war gänzlich an seine Eigentümlichkeiten gewöhnt. Glücklicherweise verschafften mir Freunde Papierreste aus einer zugrundegegangenen Fabrik, nicht so ideal strapazierfähig, hingegen die Tusche so saugend, daß die Zeichnung mit der Unterlage förmlich verwuchs. Später brachte dann ein glücklicher Umstand wieder einen ganzen Stoß ähnlichen alten österreichischen Katasterpapiers in meinen Besitz, welches ich seither wieder am liebsten benutze.

Alfred Kubin 1877–1959
Wie ich illustriere, in:
Vom Schreibtisch
eines Zeichners
Berlin 1939

SCHREIBEN LERNEN Bei uns verkehrte häufig der Landgerichtsschreiber, der ganz wunderbar schreiben konnte; ich schaute ihm manchmal zu und es gefiel mir, wie er schrieb. Seinem Beispiel folgend, fing ich nun an, einzelne Wörter nachzumalen, und er zeigte mir, wie das gemacht wird; er gab mir auch Papier und Tinte und schnitt mir den Federkiel zurecht. Auf diese Weise lernte ich allmählich auch schreiben.

Autor unbekannt
Erzählungen eines
russischen Pilgers
Luzern 1944

TABAKSDOSE   Petrowitsch nahm den Mantel, breitete ihn auf dem Tisch aus und prüfte ihn lange. Er schüttelte mit dem Kopf, und seine Hand griff nach einer runden Tabaksdose mit dem Porträt eines Generals darauf – man konnte nicht sehen welches, denn dort, wo das Gesicht hätte sein sollen, war das Holz mit dem Finger durchgedrückt und mit einem Stückchen Papier zugeklebt. Petrowitsch schnupfte ein wenig Tabak und hielt jetzt den Mantel gegen das Licht und schüttelte noch einmal sein Haupt; dann kehrte er das Futter heraus und schüttelte wieder mit dem Kopfe; noch einmal nahm er die Dose mit dem geköpften General, schnupfte etwas Tabak, legte sie aufs Fensterbrett und sagte endlich: »Nein, da ist nichts mehr auszubessern. Der Mantel ist schlecht.«

Nikolaj Gogol
1809–1852
Der Mantel
Leipzig um 1930

HÖHERE IDEE   Die Papparbeit! Mir ganz unerfindlich jetzt, wie mich diese langweiligste Beschäftigung durch Jahre hin so ganz in Anspruch nehmen konnte, dass ich mindestens ein Drittel meiner freien Zeit damit verbracht und mindestens zwei Drittel meines Taschengeldes für Pappe, marmoriertes Papier und Goldborten ausgegeben habe. Nun darf ich zwar hinzusetzen, dass ich den Kleisterpinsel im Dienst einer höheren Idee schwang […]

Theodor Fontane
1819–1898
Meine Kinderjahre
Stuttgart 1986

GLANZPAPIER   Nach zehn Minuten stieg die Familie aus San Francisco in eine große Barke, fünf Minuten später betrat sie die Steine des Kais, dann setzte sie sich in ein erleuchtetes Wägelchen und wurde mit einem summenden Geräusch den Steilhang hinaufgezogen, vorbei an den Pfählen der Weinberge, an halbverfallenen Steinmauern und nassen, knorrigen, hier und da von Strohmatten bedeckten Apfelsinenbäumen, die mit dem Schimmer ihrer orangefarbenen Früchte und des dicken, wie aus Glanzpapier bestehenden Laubs an den offenen Fenstern des Wägelchens entlang den Berg hinabglitten.

Iwan Bunin
1870–1953
Der Herr aus
San Francisco, in:
Der Sonnenstich
Erzählungen
Stuttgart 1995

FETTFLECKEN Tatsächlich sahen sie ihn gleich darauf zurückkommen, wie immer elegant mit seinem Hut mit eingedrehter Krempe und den Gamaschen, die er an jenem Tag angelegt hatte, in jeder Hand zwei Päckchen in Seidenpapier, die oben nur zusammengedreht waren, damit man sie halten konnte, und als er näher kam, sahen sie, daß das Papier Fettflecken hatte. »Hier sind Croissants«, sagte Monsieur Bernard. »Eßt jetzt eins und hebt das andere bis zehn Uhr auf.«

*Albert Camus
1913–1960
Der erste Mensch
Reinbek bei
Hamburg 2001*

RATSCHLÄGE Moskau, 28.3.1886
Alle meine Freunde haben sich meinem Schreiben gegenüber immer sehr herablassend verhalten und haben nicht aufgehört, mir den freundschaftlichen Rat zu geben, ich solle eine echte Arbeit nicht dadurch ersetzen, daß ich Papier vollschmiere. Ich habe in Moskau Hunderte von Bekannten, darunter auch ein, zwei Dutzend Schreibende, und ich kann mich keines einzigen entsinnen, der mich gelesen oder in mir einen Künstler gesehen hätte.

*Anton Čechov 1860–1904
Brief an D.V.Grigorovič,
in: Das Čechov Lesebuch
Aus Čechovs Briefen I
Zürich 1985*

METZGERLÄDEN Schlange stehend bei den Metzgerläden, die wegen des bevorstehenden Weihnachtsschmauses besonders überlaufen waren, mit ihren prangenden Schaufenstern voll reichgarniertem Sauerkraut, großen, mit Papierblumen, Girlanden und Fähnchen dekorierten Platten mit getrüffelter Sülze und Pastetenstückchen, Kränzen von dicken, mit Schleifchen zusammengebundenen Blutwürsten, an allen Haken des im Lichterkranz flimmernden Ladens baumelnden Gewinden von leckeren Leberwürsten und Ketten von Rotwürsten, in glänzenden Pyramiden bis zur Decke gestapelten pausbackigen Schinken und den leuchtenden Lämpchen in den Lücken zwischen den Etiketten der renommierten Spezialitäten, den Reklameaufschriften und den mit Silber und Gold bestreuten »guten Wünschen für ein frohes Weihnachtsfest«.

*Blaise Cendrars
1887–1961
Wind der Welt
Frankfurt am Main 1990*

GRABMAL   Bilder, Abrisse der Vergangenheit, drehten sich wie ein Mühlrad in diesem eigenartigen Kopf: als seien sie wiedererweckt vom Gehen, von den Bordsteinen. Im ganz und gar abgeschabten Kartonköfferchen eine Rolle von Blättern. Es waren die Zeichnungen eines kleinen Grabmals.

Er selbst hatte es entworfen, im Grauen und in der Leere eines Leids, die stetigen Ängste vor dem Ungewissen überwindend, die kleinlichen Eingebungen der Sparsamkeit: ein Heiligtum, fast ein Altar, geformt wie ein kleiner Torbogen aus ziemlich hellem Gneis: zwei Stufen bildeten den Zugang, den Antritt, wie die Bauleute sagen. Der Grund des Portals mosaikausgelegt, als »Goldhimmel«.

Carlo Emilio Gadda
1893–1973
Der Sonntag, in:
Erzählungen
München 1965

SCHREI NACH PAPIER   Und dann gründete ich eine literarische Zeitschrift, was um diese Zeit sehr viele taten, – nicht daß so viel Geist da war, der nach Papier schrie, sondern weil hier so viel Papier war, das nach Umsatz schrie. Zu den wenigen Dingen, die man kaufen konnte, gehörten in dieser ersten Zeit Zeitungen, Zeitschriften und Broschüren. Im Grund tauschte man, wenn man in der Reichsmarkzeit kaufte, ein fragwürdiges Papier gegen das andere.

Alfred Döblin
1878–1957
Schicksalsreise
Bericht und Bekenntnis
Frankfurt am Main 1949

WENN ES MÖGLICH WÄRE   7. September 1921 Sehr geehrter Herr! [...] Ich habe vor den Büchern, die ich aus Ihrem Verlage kenne, zuviel Respekt, um mich mit Vorschlägen wegen dieses Buches einzumischen, nur bitte ich um die größte Schrift, die innerhalb jener Absichten möglich ist, die Sie mit dem Buch haben. Wenn es möglich wäre, das Buch als einen dunklen Pappband einzurichten, mit getöntem Papier, etwa nach Art des Papieres der Kleistanekdoten, so wäre mir das sehr recht, allerdings wieder nur unter der Voraussetzung, daß es Ihren sonstigen Plan nicht stört.

In angenehmer Erwartung Ihrer nächsten Nachrichten Ihr ergebener: Dr. Franz Kafka

Franz Kafka 1883–1924
Brief an Ernst Rowohlt,
in: Kurt Wolff. Brief-
wechsel eines Verlegers
Frankfurt am Main 1966

LANDKARTE Auf den Dingen, die man bräuchte, liegen diese kleinen Märkchen der Lebensmittelkarten, diese dem Geld vorgeschaltete Währung, papieren auch sie, eine Landkarte mit blauer Milch- und rosa Fleischprovinz, mit brauner Brot- oder Mehlregion und gelben Butterfeldern; ein Spottbild des Schlaraffenlandes: Cervelatwurst auf Butterbrot – ganz aus Papier. Atme behutsam, sonst atmest du's weg! Denn die Wirklichkeit heißt am Ende Bratkartoffeln, ohne Fett auf Mehlstaub und Kümmel gebräunt; mit Rübensirup gesüßter, mit dem Schneebesen bearbeiteter Mehlbrei als Schlagrahm, und an hochfestlichen Tagen ein Kaninchenbraten.

Verkäuferinnen tragen Scheren wie Orden um den Hals, mit denen sie Marken herausschneiden, ehe sie Geld nehmen. Stundenlang sitzen sie abends und kleben ihr seltsames Puzzle auf Papierbögen, um ihrerseits den Verbleib der knapp zugemessenen Güter und weitere Zuteilungen zu rechtfertigen.

Barbara von Wulffen
*1936
Werktage, Sonntage, in:
Urnen voll Honig
Frankfurt am Main 1989

V

WIR FRAUEN
SORGFÄLTIGER
ABSCHRIFT
FEUERREITER
NÄHARBEIT
BUCHSTABEN
ÄRGER
KRÄHENFÜSSCHEN
VERSIEGELT
KOHLEN
BAHNBILLET
KRIMINALFÄLLE
MERKUR
BALLATMOSPHÄRE
DAS ÖDE GRAU
WANDKALENDER
HIMMELWÄRTS
FESTER BALL
GENÄHTER BRIEF
KARTENSPIEL
AUSGUSS
DIE KOFFER
ZIGARRE
ZWO WECKELEYN
AUFGESAMMELTES
DONELAITIS
EUPHORIE

WIR FRAUEN Kaiserin Sadako empfing einst von ihrem Bruder einen dicken Stoß Papier erlesener Qualität als Geschenk. Sie wußte aber nicht, was sie damit anfangen sollte.

»Der Kaiser bekam einst auch solch eine Menge Papier«, sagte sie zu den anwesenden Hofdamen, »er aber hatte den guten Gedanken, darauf sorgfältig die chinesischen Chroniken abzuschreiben. Was könnten wir Frauen wohl darauf schreiben?«

»Ich würde daraus ein Kopfkissen machen«, meinte die Hofdame Sei Shonagon.

»Das ist keine schlechte Idee«, lächelte die Kaiserin, »und du wirst es dir doch besser zunutze machen als ich.«

So schenkte sie Sei Shonagon das Papier. Damals meinte man mit »Kopfkissen« ein privates Notizbuch.

Das Kopfkissenbuch der Hofdame Sei Shonagon um das Jahr 1000 Zürich 1952

SORGFÄLTIGER Ich schrieb das auf das feinere Papier, sorgfältiger und kunstvoller als gewöhnlich; ich band eine Chrysantheme darum und ließ es ihm überbringen.

Autorin unbekannt Kagero Nikki. Tagebuch einer japanischen Edelfrau ums Jahr 980 Zürich 1955

ABSCHRIFT Unsere Helden bemerkten eine Unmenge Papier, weißes und beschriebenes, und über die Arbeit gebeugte Köpfe, breite Nacken, Fräcke, Röcke von provinziellem Schnitt oder sogar eine schlichte, hellgraue Joppe, die sich von allem übrigen scharf abhob. Der Träger dieser Jacke war, den Kopf so stark seitwärts geneigt, daß er fast auf dem Papier lag, damit beschäftigt, in schwungvollen Buchstaben ein Protokoll abzuschreiben.

Nikolaj Gogol 1809–1852 Die toten Seelen München 1961

FEUERREITER   Eines der Pferde meines Vaters hatte die Eigenheit, daß es das Rauschen von Papier nicht leiden konnte. Als ich nun einmals mit dem Professor solch einen Ritt machte, begegnete uns der Ortsbote. Diesem forderte der Professor die Zeitungen ab, um sie gemächlich auf dem Pferde zu lesen; aber kaum hatte er sie entfaltet und das Pferd das Rauschen des Papiers vernommen, so kehrte es in vollem Laufe um. Der Professor klemmte seine kurzen Füße wie Krebsscheren in den Gaul ein, es entfielen ihm Hut und Stock, er hielt sich mit den Händen am Sattelknopfe und schrie mit verzweifelter Stimme: »Holet den Gaul ein!« Das Pferd rannte mit ihm durch das Tor, das meinige mit mir hintennach über den Klosterplatz dem Oberamtei-Hofe zu. Man glaubte, es kommen Feuerreiter angesprengt, alles sah aus den Fenstern und sprang herbei, doch ging die Kavalkade noch glücklich vorüber. Das Pferd hielt, vor dem Stalle angekommen, auf einmal stille.

Justinus Kerner
1786–1862
Das Leben des Justinus
Kerner. Erzählt von ihm
und seiner Tochter Marie
München 1967

NÄHARBEIT

Es hatten sich siebenzig Schneider verschworen,
Sie wollten zusammen ins Niederland fahren,
Da nähten sie einen papierenen Wagen,
Der siebenzig tapfere Schneider konnt tragen,
Die Zottelgeiß spannten sie dran.
Hott hott, meck, meck, ihr lustigen Brüder,
Nun setzt euer Leben daran.

Des Knaben Wunderhorn. Alte deutsche Lieder. Gesammelt von L. Achim von Arnim und Clemens Brentano München 1957

BUCHSTABEN   Während er so schrieb, erstand vor seinem Auge eine bunte und ihm liebe Welt, und der Genuß an dieser Welt drückte sich auch in seinem Gesichte deutlich aus; da gab es immer Buchstaben, die er ganz besonders mochte; wenn er die zu Papier brachte, war er wie närrisch, lächelte in sich hinein, zwinkerte mit seinen kleinen Augen und half gleichsam mit den Lippen nach, so daß man aus seiner Grimasse wohl lesen konnte, welchen Buchstaben seine Feder eben produzierte.

Nikolaj Gogol
1809–1852
Der Mantel
Leipzig um 1930

ÄRGER   Den 10. Januar 1848
Wir standen am offenen Fenster gegen die Wiesen hinaus, da flog ein mächtiger Adler durch das Tal, hin und wieder; als er sich drüben an der Buchhalde auf eine verwitterte Föhre setzte, klopfte mir das Herz auf eine sonderbare Weise. Ich glaube, ich empfand eine rührende Freude darüber, zum erstenmal einen Adler in seiner Freiheit schweben zu sehen. Nun flog er ganz nah an unserm Fenster vorbei, da bemerkten wir genau, daß er eine Krone auf dem Kopfe trug, und seine Schwingen und Federn waren scharf und wunderlich ausgezackt, wie auf den Wappen. Wir sprangen, mein Oheim und ich, nach den Gewehren an der Wand und postierten uns hinter die Türen. Richtig kam der riesige Vogel zum Fenster herein und erfüllte fast die Stube mit der Breite seiner Schwingen; wir schossen und am Boden lag anstatt des Adlers ein Haufen von schwarzen Papierschnitzeln, worüber wir uns sehr ärgerten. Es nimmt mich eigentlich wunder, warum ich diese kindischen Träume aufschreiben mag.

*Gottfried Keller
1819–1890
Das Tagebuch und das Traumbuch
Basel 1945*

KRÄHENFÜSSCHEN   In der Tat, bereits in der dritten Stunde buchstabierte Akulina »Natalia, die Bojarentochter«, wobei sie in ihre Lektüre allerlei Bemerkungen einstreute, die Alexej in größtes Erstaunen versetzten, und bald hatte sie auch ein ganzes Blatt mit Zitaten bemalt, die sie aus derselben Erzählung wählte.

So verging eine Woche, und schon entwickelte sich zwischen ihnen ein Briefwechsel. Das Postkontor wurde in dem hohlen Stamm einer Eiche eingerichtet, und Nastja versah das Amt des Postillons. Dorthin brachte Alexej seine in großer Schrift geschriebenen Briefe und ebenda fand er die auf einfaches blaues Papier gekritzelten Krähenfüßchen seiner Liebsten. Akulina eignete sich rasch eine feinere Ausdrucksweise an, und ihr Verstand bildete und entwickelte sich merklich.

*Alexander Puschkin
1799–1837
Das Edelfräulein als Bauernmädchen, in:
Die Erzählungen des verstorbenen Iwan Petrowitsch Belkin
Basel 1944*

VERSIEGELT   Gießen, den 5. August 1834
Als ich hier ankam, fand ich meinen Schrank versiegelt, und man sagte mir, meine Papiere seien durchsucht worden. Auf mein Verlangen wurden die Siegel sogleich abgenommen, auch gab man mir meine Papiere (nichts als Briefe von Euch und meinen Freunden) zurück; [...]

*Georg Büchner
1813–1837
Werke und Briefe
Wiesbaden 1958*

KOHLEN   Um den 10. Juni 1883
Weißt Du noch, daß ich Dir vor einiger Zeit schrieb: »Ich sitze vor zwei großen weißen Bogen und weiß noch nicht, wie ich was draufkriegen soll.«?
Nun, seitdem ist auf den einen der Müllabladeplatz gekommen, und in den letzten Tagen habe ich auch mit dem zweiten gute Fortschritte gemacht. Das soll was mit Kohlen werden, wie ich es vom Atelierfenster aus auf dem Gelände der Rheinbahn sehe. Da liegen große Kohlenhaufen, und da arbeiten Männer dran, und es kommen allerhand Leutchen mit Schubkarren, um einen Sack Kohlen zu kaufen; an manchen Tagen geht es sehr geschäftig zu, und besonders nett war es im Winter, als Schnee lag.

*Vincent van Gogh
1853–1890
Briefe an den Bruder
Theo. Band I
Berlin 1959*

BAHNBILLET   »Haben Sie doch Verständnis. Sehen Sie, der Zug hat Verspätung, das steht ja angeschrieben – mit Kreide, auf der Tafel dort drüben –, es besteht also für niemand die geringste Gefahr, ihn zu versäumen. Glauben Sie nur nicht, daß Sie die einzigen wären; andere Leute sind auch noch da. Der Zug ist für alle; wenn man mich um Erklärungen bittet, muß ich sie geben. Sie brauchen mich nicht zu belehren, was meines Amtes ist.«
    Er sagt das mit etwas barscher Stimme, aber schon zeigt er wieder sein zuvorkommendes Lächeln, um der Alten ihr Billet samt einer mit Tinte auf ein Blatt Papier geschriebenen Beifügung auszuhändigen. Ängstlich umklammert sie dies; hierauf richtet er noch ein paar sanfte Worte an sie und verabschiedet sich.

*Charles-Albert Cingria
1883–1954
Dieses Land, das
ein Tal ist
Zürich und Köln 1985*

KRIMINALFÄLLE Gerda, das ist der Name meiner Frau, hat mir heute vormittag einen großen Umschlag voller Zeitungsausschnitte gebracht. Sie hat diese Zeitungsausschnitte über meinem Schreibtisch ausgeschüttet und dazu gelacht wie ein Kind. Ich habe das, hat sie gesagt, für dich gesammelt, es sind Kriminalfälle, aber nicht nur solche, auch menschliche Tragödien, vielleicht wirst du das eine oder andere davon brauchen können. Viele Schriftsteller, und nicht die schlechtesten, haben ihre Stoffe der Tageszeitung entnommen. Ich bedankte mich und Gerda ging wieder, sie nahm wohl an, daß ich mich mit großer Gier auf die Mordfälle und die menschlichen Tragödien stürzen würde, ich habe aber alles gleich weggelegt, und bin auch, obwohl es mir leid tat, meine Frau zu enttäuschen, am Abend nicht mehr auf ihre Sammlung zurückgekommen.

Marie Luise Kaschnitz
1901–1974
Der Schriftsteller, in:
Ausgewählte
Erzählungen
Frankfurt am Main 1966

MERKUR

Die offenen Münder
der verschlossenen Metallgesichter
seine Finger füttern sie
mit verschlossenem Papier
Geburts- und Todesanzeigen
Einladungen Transaktionen
Eifersucht Bruch Schwüre Schwüre
Papier ist geduldig
Merkur ist geduldig

Rose Ausländer
1901–1988
Der Briefträger, in:
Die Musik ist zerbrochen
Gedichte
Frankfurt am Main 1984

BALLATMOSPHÄRE Später, als sie die Quadrille mit Karnowskij tanzte, dachte sie voller Schreck daran. Aber dieser Schreck war irgendwie lustig und so beglückend wie die erregende, lärmerfüllte Ballatmosphäre. Alles war lustig – tanzen und dabei lange, bunte Papierschlangen zerreißen, ausgleiten und fast hinfallen, als sie sich bei der Mazurka um Karnowskij drehte, der vor ihr kniete, dann mit ihm im Windfang am Eingang stehen, wo es kühl und still war; nur die fröhlichen, lauten Kommandos des Ballordners drangen aus dem Saal herüber.

Wenjamin Kawerin
1902–1989
Vor dem Spiegel
Frankfurt am Main 1998

DAS ÖDE GRAU O, wie sind die zu beneiden, die das können, die das öde Grau, das die bunten Erscheinungen des Lebens nur hervortreten läßt, um sie gleich darauf wieder zu verschlucken, nie bemerken; die sich freuen, daß die Favorit-Karte heute rot ist, morgen schwarz, und es nie gewahr werden, daß die lockenden Farben immer nur denselben Papierfetzen schminken und herausputzen!

*Friedrich Hebbel
1813–1863
F.H. in Paris. Briefe,
Tagebücher, Gedichte
Konstanz 1948*

WANDKALENDER Das Bündel der 365 Tage steckte an einem ziemlich großen und breiten Pappendeckel, der die Wand, das senkrechte Fundament war, auf dem sich das neue Jahr zu erheben gedachte. Dieses harte Papier war von einem noch härteren Glanz überzogen, von einer lackierten Schicht, einer spiegelnden, gewölbten Oberfläche, in der sich die Sonne konzentrierte, wenn der Wandkalender gegenüber dem Fenster hing, und in der, wie eine ferne Erzählung vom Wetter, die Färbungen des Himmels und der Luft zu lesen waren. Doch war diese Eigenschaft des Glanzes nur eine angenehme sekundäre. Während das Wichtigste die gepreßte, erhabene Illustration auf dem Pappendeckel war, die, obwohl sie das ganze Jahr naturgemäß nicht wechselte, dennoch nicht die gleiche zu bleiben schien und ihre Aktualität bis zum 1. Dezember bewahrte, zu welcher Zeit schon die Erwartung des neuen Kalenders das Bild auf dem alten gewohnt und gewöhnlich machte.

Was waren das für Illustrationen! Wie leuchteten die starken und einfachen Farben, Rot, Blau, Gold, Grün hochsommerlich mitten im Winter, von jener Kraft, hinter der die Kraft der Phantasie zurückbleibt und von der die Träume dennoch befruchtet werden! Eine Frau, schwarz von Haar, das ein tiefrotes Kopftuch zur Hälfte bedeckte, mit roten Wangen und knallblauen Augen, mit einem Hals und einer Büste wie ein weißer, noch vom Wasser glänzender und in Sonne segelnder Schwan, mit schweren Zöpfen, die sich an der Brust zusammenfanden wie von einem koketten Wind hingelegt — solch eine Frau hielt mit beiden Armen ein papierenes Körbchen, das schräg im Pappendeckel steckte, wie mit der Laubsäge gearbeitet schien und nichts weniger als einen Korb voll Weintrauben darstellte, saftiger grüner und dunkelblauer, deren Farbe zwar an Karbonpapier erinnern mochte, aber an ein Karbonpapier, das man nur in der Kindheit kennt, das eine Art Wunder bedeutet, weil es ferne Striche und Buchstaben fernen Blättern vermittelt und das noch umständlicheren Schmutz erzeugt als ein Tintenstift.

Joseph Roth 1894–1939 Panoptikum, in: Werke, Band 3 Köln Berlin 1956

HIMMELWÄRTS

Der Wind kommt

Der Wind, der die Blumen kämmt
und die Blüten zu Schmetterlingen macht,
der Tauben steigen läßt aus altem Papier
in den Schluchten Manhattans
himmelwärts, bis in den zehnten Stock,
und die Zugvögel an den Türmen
der Wolkenkratzer zerschellt.

Hilde Domin 1909–2006 Bau mir ein Haus, in: Gesammelte Gedichte Frankfurt am Main 1987

FESTER BALL

Großtante wuschelt nämlich manchmal Papier zu einer Kugel zusammen, bindet sie mit einer langen Paketschnur rundum solange um und um, bis sie ein fester Ball ist, dann zieht sie wollene Fäden durch in allen Farben, unter der Schnur, über der Schnur, Stich um Stich, von Schnur zu Schnur, und am Ende ist der Wollball fertig, und wir bekommen ihn.

*Silja Walter *1919 Der Wolkenbaum Meine Kindheit im alten Haus Olten 1991*

GENÄHTER BRIEF 15. April 1902

Die kleine Magd am Fenster gegenüber näht zwischen ihren Mahlzeiten und schaut jeden Augenblick auf die Straße hinaus. Genau wie sie nähe auch ich Briefe auf weißem Papier mit schwarzem Faden und sehe, genau wie sie, nur gar zu gern hinaus, was auf der Straße los ist, doch vergeude ich dabei viel mehr Zeit als sie.

Jules Renard 1864–1910 Ideen, in Tinte getaucht Aus dem Tagebuch von Jules Renard München 1986

KARTENSPIEL   Im Auto ist nichts. Was soll ich jetzt machen? – Der Mann blickte angestrengt auf die Spielkarten, die er in der Hand hielt. Die Frau neben dem Kellner sagte: Du mußt ausspielen! Der Mann zuckte ungeduldig. Huemer sagte: Hören Sie einen Moment zu, Sie müssen sich doch noch erinnern können, hat die Frau einen Mantel bei sich getragen? – Die Spielerin fragte: Welche Farbe? – Huemer sagte: Weiß, er war ganz neu! Die Spielerin sagte: Ich meine, welche Farbe ist Trumpf! – Der Mann warf die aufgefächerten Karten auf den Tisch, [...]

Franz Tumler 1912–1998
Der Mantel
Frankfurt am Main 1959

AUSGUSS   Kaum war er in dem winzigen Raum, da schloß sie die Tür und flüsterte: »Schläft Jamie?«
»Ja.«
Sutter stand da und starrte in den Ausguß. Dieser war staubig, mit einem papierenen Klebestreifen auf dem Grund.
»Wir wollen von Ihnen eine kleine Erklärung«, sagte Rita. Sutter nickte.

Walker Percy 1916–1990
Der Idiot des Südens
Frankfurt am Main 1985

DIE KOFFER   Draußen, in der feuchten Schwärze der Nacht, rangierte man den russischen Zug. Die russische Lokomotive pfeift nicht, sondern heult wie eine Schiffssirene, breit, heiter und ozeanisch. Wenn man durch die Fenster die nasse Nacht sieht und die Lokomotive hört, ist es wie am Ufer des Meeres. In der Halle wird es beinahe behaglich. Die Koffer fangen an, sich auszubreiten, aufzugehen, als wäre ihnen heiß. Aus dem dicken Gepäck eines Kaufmanns aus Teheran klettern hölzerne Spielzeuge, Schlangen, Hühner und Schaukelpferde. Kleine Stehaufmännchen schaukeln leise auf dem bleibeschwerten Bauch. Ihre bunten, lächerlichen Gesichter, von der Petroleumlampe grell beleuchtet, von vorüberhuschenden Schatten der Hände abwechselnd verdunkelt, werden lebendig, verändern ihren Ausdruck, grinsen, lachen und weinen. Die Spielzeuge klettern auf eine Küchenwaage, lassen sich wiegen, kollern wieder

Joseph Roth 1894–1939
Die russische Grenze, in:
Panoptikum
Gestalten und Kulissen
Köln 1976

auf den Tisch und hüllen sich in raschelndes Seidenpapier. Aus dem Koffer einer jungen, hübschen und etwas verzweifelten Frau quillt schimmernde, schmale, bunte Seide, Streifen eines zerschnittenen Regenbogens. Dann folgt Wolle, die sich bauscht, bewußt atmet sie wieder frei nach langen Tagen luftloser, zusammengepreßter Existenz. Schmale, graue Halbschuhe mit Silberspangen legen ihr Zeitungspapier ab, das sie verbergen sollte, die vierte Seite des »Matin«. Handschuhe mit bestickten Manschetten entsteigen einem kleinen Sarg aus Pappendeckel.

ZIGARRE   [...] und dort, wo die Strasse umbiegt zum Obertor, sieht er den Zeppelin!

Gertrud Fussenegger
*1912
Der Zeppelin, in:
Nur ein Regenbogen
Erzählungen
Stuttgart 1987

Der Zeppelin steht im Südosten über den Otznacher Hügeln, ein Stück unter den Wolken, die weiß und blau mit dunklen Bäuchen und glänzenden Zackenrändern im Westwind ziehen. Da hängt er am Himmel, der Zeppelin, lang und schlank wie eine in mattes Silberpapier verpackte Zigarre. Zwei, drei Sekunden sieht es so aus, als stünde er still, dann aber wird es deutlich, daß er sich bewegt, er gleitet vor, wendet die Schnauze der Motznach zu, dreht bei, verkürzt sich, kommt näher, näher, wird schrecklich groß.

ZWO WECKELEYN

Sarah Kirsch *1935
Ayn Wintrstück, in:
Hundert Gedichte
Ebenhausen bei
München 1985

zog er eyn ührchen auff
morgens um viere
wir lahn wie zwo weckeleyn
inn weissn papiere

AUFGESAMMELTES   Dann schwor er heilige Eide, daß er seine Beute irgendwann und von irgendwem gekauft oder sogar von seinem Großvater geerbt hätte. Auch bei sich zu Hause sammelte er alles vom Fußboden auf, was er dort herumliegen sah: Siegellack, Papierschnitzel, Federn, oder was es sonst war, und legte es auf den Schreibtisch oder auf die Fensterbank.

Nikolaj Gogol
1809–1852
Die toten Seelen
München 1961

DONELAITIS   Ich erzählte Ihnen von dem Besitzer, einem gewissen Indra. Er hat dort allein gelebt, seit dem Tod seiner Frau, nur mit dem Nötigsten.

Er hat dort gelebt, ich wollte ihn besuchen, heute, und traf ihn nicht an. Alles still, auch die Tiere fort. Ich hab da gestanden und bin weggegangen.

Hier ein Bündel Papiere, verschnürt. Für mich abgegeben, bei einem Besitzer im Dorf, im letzten Herbst, heute habe ich es bekommen, es hat den ganzen Winter hinter dem Balken versteckt gelegen, so sieht es auch aus: gebräunt und an den Rändern gestockt. Blätter, einige beschrieben. Briefe. Ein Buch, die Deckel und das erste Drittel Text fehlen, die Schleichersche Ausgabe des Donelaitis, wie Sie sehen.

Johannes Bobrowski
1917–1965
Litauische Klaviere
Berlin 1967

EUPHORIE   [...]alle Fenster seines Arbeitslokals weit aufgerissen, bei dröhnender Musik, diese plötzlichen Aussichten, welch wiedergeborene Euphorie, und nochmals der Genuß, den weichen Bleistift zu führen, mit den Planfarbstiften zu schmieren, Papierrollen zu verschwenden, vielleicht das letzte Mal vor dem endgültigen Einzug des Computers.

Gertrud Leutenegger
*1948
Pomona
Frankfurt am Main 2004

VI

GRÄTEN

ZITTRIG

SITTE

AN SONNTAGEN

NÄRRISCHES ZEUG

KEINE VERSCHWENDUNG

SCHRUMPELIGE ÄPFEL

NOTEN

LEISES KNACKEN

SONNENVOGEL

UNVERTRAUT

MIT ROSA BÄNDCHEN

LINDA

LICHT MODELLIERT

SCHWARZWÄLDER CHRONIK

VORSATZ

KEINE ZEIT

BEI DEN DAMEN STEHEND

DIE TRUHE

MIT FESTER HAND

NICHT AUGEN GENUG

IN SCHWARZEN BUCHSTABEN

KNITTERWERK

DURCHBLICK

EIN WEG

ROYAL STREET

KOHLWEISSLINGE

🍂 GRÄTEN   Fürst Takaie sprach von einem Fächer, den er der Kaiserin schenken wollte. »Seine Gräten sind von seltenem Wert«, sagte er zur Herrin, »darum denke ich, daß ein besonders kostbares Papier daraufgeklebt werden muß. Ich bin schon lange auf der Suche nach solch einem passenden Papier und habe es immer noch nicht gefunden.«

»Was für Gräten sind es denn?« fragte die Kaiserin.

»Sie sind ja so wunderbar, daß die Leute sagen, es seien Fächergräten, die noch niemand gesehen habe. Jawohl, sie sind es auch.«

Ich wollte mich über diese Wichtigtuerei ein wenig lustig machen und sagte: »Gräten, die noch niemand gesehen hat? Das müßten ja die Gräten einer Qualle sein.«

Das Kopfkissenbuch der Hofdame Sei Shonagon um das Jahr 1000 Zürich 1952

Auf einen solch albernen Witz will ich freilich nicht stolz sein; doch schreibe ich ihn auf, da man mir sagte, ich dürfe meinem »Kopfkissenbuch« nichts entgehen lassen.

Autorin unbekannt Kagero Nikki. Tagebuch einer japanischen Edelfrau ums Jahr 980 Zürich 1955

ZITTRIG   Und dann erbat er sich Pinsel und Papier, schrieb eilig etwas auf und ließ es mir zurück. Seine Handschrift war seltsam zittrig diesmal, ich wußte nicht warum.

Das Kopfkissenbuch der Hofdame Sei Shonagon um das Jahr 1000 Zürich 1952

SITTE   Zedachblumen werden mit purpurnem Papier geschmückt, Kalmusblätter mit blauem Papier, während Kalmuswurzeln mit weißem Papier gebunden werden.
Es ist eine anmutige Sitte, Briefe an diesem Festtage in ein langes Kalmusblatt einzuwickeln.

AN SONNTAGEN   Auch in meine Leidenschaft, die ich für Anbringung und Errichtung einer Camera obscura, wo ich mich nur befand, hatte, ging er ein, und wir errichteten in einem Kämmerchen, vor welchem alle Bewohner dieser Räume, die noch frei gehen durften, Fabrikarbeiter, Waisenkinder, Züchtlinge und Irren, vorüberzogen, eine vortreffliche Camera obscura und hatten an Sonntagen stundenlang unsere Freude an dem bunten lichten Gewimmel im kleinen auf dem ausgespannten Papiere.

Justinus Kerner
1786–1862
Das Leben des Justinus Kerner. Erzählt von ihm und seiner Tochter Marie
München 1967

NÄRRISCHES ZEUG   Wir fanden etwas Besseres zu tun, als einander gegenüber oder nebeneinander zu lesen, Putzmacherei zu treiben oder gar närrisches Zeug für den Winterofen zu Papier zu bringen.

Wilhelm Raabe
1831–1910
Pfisters Mühle
Göttingen 1961

KEINE VERSCHWENDUNG   Mitte Juli 1888
Weil ich Angst habe, Farbe zu verschwenden, verderbe ich häufig eine Ölstudie.
Das Papier, wenn es sich nicht um einen Brief handelt, den ich schreibe, sondern um eine Zeichnung, die ich mache, verderbe ich fast nie – soviele Bogen Whatman, soviele Zeichnungen.

Vincent van Gogh
1853–1890
Briefe an den Bruder Theo. Band II
Berlin 1959

SCHRUMPELIGE ÄPFEL   Während mehrerer Wochen waren das schlanke, dunkle Mädchen und der Doktor fast täglich zusammen. Der Umstand, der sie zu ihm geführt hatte, erledigte sich durch Krankheit, doch sie war wie jemand, der die Süßigkeit der schrumpeligen Äpfel entdeckt hat; von den ausgereiften, runden Früchten, die in den Großstadtwohnungen gegessen werden, wollte sie überhaupt nichts mehr wissen. Im Herbst nach ihrer Bekanntschaft heiratete sie Doktor Reefy, und im folgenden Frühjahr starb sie. Im Laufe des Winters las er ihr all die krausen Ideen vor, die er auf die Papierfetzen gekritzelt hatte, und wenn er sie vorgelesen hatte, lachte er und stopfte sie in seine Taschen, wo runde, harte Papierkügelchen daraus wurden.

Sherwood Anderson
1876–1941
Winesburg, Ohio
Berlin und Frankfurt am Main 1958

Iwan Bunin
1870–1953
Antonäpfel, in:
Der Sonnenstich
Erzählungen
Stuttgart 1995

NOTEN   In die klare Ferne entschwinden deutlich sichtbar die Telegrafenmasten, und ihre Drähte gleiten wie silberne Saiten am hellen Firmament dahin. Auf ihnen sitzen Wespenfalken – schwarze Zeichen auf Notenpapier.

LEISES KNACKEN   Je früher am Tag es dunkel wurde, desto öfter erbaten wir die Schere. Eine Stunde verbrachten nun auch wir mit unsern Augen der Nadel folgend, von der träg ein dicker, wollener Faden herunterhing. Denn ohne es zu sagen, hatte jeder sich seine Ausnähsachen vorgenommen – Pappteller, Tintenwischer, Futterale –, in die es nach der Zeichnung Blumen nähte. Und während das Papier mit leisem Knacken der Nadel ihre Bahn freimachte, gab ich hin und wieder der Versuchung nach, mich in das Netzwerk auf der Hinterseite zu vergaffen, das mit jedem Stich, mit dem ich vorn dem Ziele näherkam, verworrener wurde.

Walter Benjamin
1892–1940
Der Nähkasten, in:
Berliner Kindheit um
Neunzehnhundert
Gesammelte
Schriften IV.I
Frankfurt am Main 1972

SONNENVOGEL

Vom Fenster fliegt
der Sonnenvogel
aufs Papier
das aufblüht
eine Sekunde

Rose Ausländer
1901–1988
Die Sekunde, in:
Die Musik ist zerbrochen
Gedichte
Frankfurt am Main 1984

UNVERTRAUT   Seine schweren Pranken mit den schwarzen Nägeln – während mir doch die Mutter bei Tisch einen beschämenden Blick zuwarf, wenn meine etwas nachdunkelten – seine dicken Finger also hatten Mühe, das Programmheft festzuhalten. Man spürte, daß sie gewöhnlich mit einer viel wuchtigeren, härteren Materie umgingen als mit Papier, das ihnen unvertraut war. Aber sogar diese Unbeholfenheit war ein Zeichen von Kraft. Der Mann rauchte zudem einen dicken, wuchtigen Stumpen nach seinem Maß, dessen aufdringlicher Geruch sich ungeniert in der Luft verbreitete.

Georges Haldas *1917
Boulevard des
Philosophes
Zürich 1989

MIT ROSA BÄNDCHEN Tschitschikow hatte gerade den Mund aufgesperrt, ohne noch recht zu wissen, wie er sich bedanken sollte, als Manilow unvermutet ein zusammengerolltes und mit einem rosa Bändchen verschnürtes Blatt Papier aus seinem Pelz zog.
»Was ist denn das?«
»Das sind meine Bäuerlein.«
»Ach!« Tschitschikow entfaltete den Bogen, überflog ihn und war entzückt über die Sauberkeit und Schönheit der Handschrift. »Wunderbar geschrieben«, sagte er, »braucht gar nicht mehr abgeschrieben zu werden.«

Nikolaj Gogol
1809–1852
Die toten Seelen
München 1961

LINDA Rote Traktoren ziehen die Festwagen; Gerüste knarren, Papier und Leinwände zittern. Ich vermute, daß Linda unter dem halben Dutzend Schäferinnen ist, die kurze Faltenröcke tragen und Sandalen mit über den bloßen Waden gekreuzten Riemen. Aber ich bin nicht sicher, denn sie sind maskiert.

Walker Percy 1916–1990
Der Kinogeher
Frankfurt am Main 1986

LICHT MODELLIERT Erst wenn ich die Empfindung habe, daß diese Arbeit, die mehrere Sitzungen lang dauern kann, alle meine Möglichkeiten restlos erschöpft hat, kann ich mit geklärtem Geist meine Feder gehen lassen. Ich habe dann den bestimmten Eindruck, daß sich mein Gefühl der plastischen Schrift als Mittel der Aussage bedient. Sobald mein bewegter Strich das Licht auf meinem weißen Papier modelliert hat, ohne daß es seiner rührenden Weiße verlustig gegangen wäre, kann ich nichts mehr zufügen, nichts mehr wegnehmen. Die Seite ist geschrieben; keine Korrektur ist mehr möglich. Ist sie ungenügend, so bleibt nichts, als neu zu beginnen, als ob es sich um einen akrobatischen Akt handeln würde. Er enthält, so weit mir dies möglich war, eine Synthese all jener verschiedenen Ansichten, die ich mir während der vorausgegangenen Studien mehr oder weniger zu eigen machen konnte.

Henri Matisse
1869–1954
Farbe und Gleichnis
Zürich 1955

Wilhelm Hausenstein
1882–1957
Die Kanzelstiege, in:
Buch einer Kindheit
Zehn Erzählungen
Frankfurt am Main 1936

SCHWARZWÄLDER CHRONIK Der Tüncher, den ich kannte, lachte mir zu. Er hatte eine Mütze aus Zeitungspapier auf dem Kopf, und während ich die Kalkspritzer auf seiner Nase lächerlich fand, sichtete ich nebenher so viel von der Kappe, dass ich wusste: sie war aus einem Exemplar der »Schwarzwälder Chronik« gemacht, deren Bild mir Tag um Tag vor Augen kam.

VORSATZ Die ganze Nacht lag sie wach, hörte die Uhr ticken und redete sich ein, daß es mit Seth genau wie mit seinem Vater zu einem jähen und gewaltsamen Ende kommen würde. Sie nahm sich vor, ihn diesmal das Gewicht ihres Unwillens fühlen zu lassen, wenn sie auch dem Sheriff nicht gestatten würde, sich seinerseits dazwischenzustecken. Sie holte Bleistift und Papier und notierte sich eine Reihe scharfer, eindringlicher Tadel, mit denen sie ihn zu überschütten beabsichtigte. Diese Vorwürfe lernte sie auswendig, wobei sie im Garten auf und ab ging und sich, wie ein Schauspieler, der seine Rolle memoriert, alles laut aufsagte.

Sherwood Anderson
1876–1941
Winesburg, Ohio
Berlin und Frankfurt
am Main 1958

Doch als Seth Ende der Woche nach Haus kam, Ohren und Augen voller Kohlenstaub und ein wenig erschöpft, brachte sie es wieder nicht über sich, ihm Vorhaltungen zu machen.

KEINE ZEIT Da ich nicht nein sagen kann, sagte ich zu allem ja. Mein kleines Notizbuch war so überfüllt mit Telephonnummern und Adressen, daß ich meine eigene Handschrift kaum entziffern konnte. Ich hatte eine Wohnung in Manhattan und ein Büro bei der Zeitung, infolgedessen erhielt ich Post und Bücher an vier verschiedene Adressen. Ich hatte keine Zeit, die Haufen von Papier, die sich überall ansammelten, auch nur durchzusehen. Manchmal öffnete ich nicht einmal die Umschläge. Leute wie ich haben gewöhnlich Sekretärinnen, aber ich war nie lange genug an einem Ort.

Isaac Bashevis Singer
1904–1991
Die Aktentasche, in:
Der Kabbalist vom
East Broadway
München Wien 1976

BEI DEN DAMEN STEHEND Als der Gouverneur, unterdessen bei den Damen stehend, in der einen Hand das Einwickelpapier eines Pralinés und in der anderen ein Bologneser Hündchen, Tschitschikow erblickte, warf er sogleich das eine wie das andere – das Hündchen winselte ein wenig – auf den Fußboden.

*Nikolaj Gogol
1809–1852
Die toten Seelen
München 1961*

DIE TRUHE Dass das Bildnis hier stand, dass es heute regnete, dass ich heraufstieg und es wegnahm – das sind lauter Glieder derselben Kette, damit das werde, was da ward. Als ich nämlich die Bildsäule wieder auf ihr Untergestelle setzen wollte, hörte ich, dass dieses keinen Ton gab wie ein Block, sondern wie ein hohler Raum; ich untersuchte es näher und fand in der Tat, dass es eine sehr alte verschlossene Truhe sei. Ich war neugierig, holte mir in der Wohnung unten Brechwerkzeuge, stieg wieder in den Gang hinauf, befreite zuerst den Deckel von dem zollhohen Staube, der darauf lag, sprengte mit dem Eisen seine Bande und öffnete ihn. Was sich mir nun zeigte, war ein Knäuel von Papieren, Schriften, Päckchen, Rollen, unterschiedlichen Handgeräten, Bindzeugen und anderem Gewirr – aber weit hinaus herrschten die Papiere vor. Es gibt in jedem Haus Dinge, die man nicht wegwirft, weil doch ein Teil unseres Herzens daran hängt, die man aber gewöhnlich in Fächer legt, auf welche dann nie mehr ein Auge fällt. Dass es hier so sei, begriff ich augenblicklich, und sogleich im Gange sitzenbleibend, neben mir den schwachen Goldschimmer der Bildsäule, über mir das leichte Trippeln des Regens, fing ich die Untersuchung an, und nach einer Stunde sass ich schon bis an die Knie in Papieren.

Welch seltsame, sonderbare Dinge! Da waren ganz unnütze Blätter, dann andere, auf denen nur ein paar Worte standen oder ein Spruch – andere mit ausgestochenen Herzen und gemalten Flammen – meine eigenen Schönschreibebücher, ein papierner Hand-

*Adalbert Stifter
1805–1868
Die Mappe meines
Urgrossvaters
Zürich 1944*

spiegel, von dem aber gerade das Spiegelglas herausgebrochen war –, Rechnungen, Rezepte, ein vergilbter Prozess über eine Hutweide – dann unzählige Blätter mit längst verklungenen Liedern, Briefe mit längst ausgebrannter Liebe, nur die schön gemalten Schäfer standen noch am Rande und stellten sich dar – dann waren Schnitte für Kleider, die jetzt niemand mehr trägt, Rollen Packpapiers, in das nichts mehr gewickelt wird – auch unsere Kinderschulbücher waren da aufbewahrt, […]

*Jules Renard 1864–1910
Ideen, in Tinte getaucht
Aus dem Tagebuch
von Jules Renard
München 1986*

MIT FESTER HAND   17. November 1900
Schreiben. Das Schwierigste dabei ist, die Feder zu ergreifen, sie in die Tinte zu tauchen, und sie mit fester Hand über das Papier zu halten.

NICHT AUGEN GENUG Mein drei Jahre älterer Bruder brachte als Kind die langen Winterabende damit hin, auf Blättchen schlechten Papiers mit Feder und Dinte Zeichnungen hinzuklecksen, und wenn er herablassend war, so durft ich ihm von einer Fußbank über die Schultern wegsehn oder auf die kunstfertige Hand. Es waren immer die nämlichen, längst eingeübten Schmierereien. Ein Häuschen mit derselben Anzahl von Fenstern und einer Tür, ein Stangenzaun zu einer, eine Pumpe auf der andern Seite; denn wir selbst hatten eine vor dem Hause. Dazu als äußerster Witz eine Mannsfigur mit einem Hut auf dem Kopfe, dieser aus einer ganzen, jener aus einer halben Null mit einem Strich, und mit einem andern senkrechten Strich in die Hand des Wanderers ein Stecken und ein Stab. Alles in derselben stereotypierten, krummen und geraden Linien-Manier; aber meine Seele konnte sich nicht satt sehen an diesen Dintenlandschaften und Kleckserein, und wenn das Zeichnen seinen Anfang nahm, so hatt ich nicht Augen genug im Kopfe, vollständigst in allen Augenblicken dabei zu sein, so wunderbar und neidenswert erschien mir des Bruders Kunst.

*Bogumil Goltz
1801–1870
Buch der Kindheit
München 1964*

IN SCHWARZEN BUCHSTABEN

Ich will einen Streifen Papier
so gross wie ich
ein Meter sechzig
darauf ein Gedicht
das schreit
sowie einer vorübergeht
schreit in schwarzen Buchstaben
das etwas Unmögliches verlangt.

Hilde Domin 1909–2006
Drei Arten Gedichte
aufzuschreiben, in:
Ich will dich. Gedichte
München Zürich 1970

KNITTERWERK

Schließlich zog ich das fast schon undefinierbare Objekt meiner Ängste, einen grauen verpappten Knäuel, aus meiner Tasche.
Die Ludl hörte sich das alles regungslos und mit starrem Gesicht an. Sie war eine robuste Vierzigerin und ein machtvolles, bedrohliches Weibsstück. Sie nahm das Gebilde aus meiner Hand, betrachtete es eine Zeitlang kopfschüttelnd, begann dann mit vorsichtigen Fingern und fast überirdischer Geduld das feuchtverklebte Knitterwerk auseinanderzulösen, wobei sie eine Haarnadel zu Hilfe nahm, so daß es ihr am Ende gelang, die ursprüngliche Form des Briefes wiederherzustellen und ihn zu entfalten. Damals, ja damals erzeugte man eben noch gutes Papier, echtes Lumpenpapier, widerstandsfähige und dauerhafte Handarbeit, nicht jämmerliche Massenware von heutzutage. Sogar die Galläpfeltinte, so verwaschen sie war, ließ sich immer noch erkennen. Das Siegel hatte der Nässe standgehalten. »Vom Wenzel«, sagte die Ludl, und ich atmete auf, denn über die ersten Schrecken der Hölle glaubte ich nun hinausgekommen zu sein. Die Ludl, ohne uns vorläufig weiter zu beachten, setzte sich ans Fenster und begann nun, das Geschriebene zu entziffern, was ihr zumindest spurweise zu gelingen schien, denn ich hörte sie lachen, gurren und glucksen und die Milli, die ihr über die Schulter lugte, mitkichern. Über einzelne Worte stritten die beiden, bevor ihre Bedeutung gesichert erschien.

Johannes Urzidil
1896–1970
Denkwürdigkeiten von
Gibacht. Erzählungen
München 1958

DURCHBLICK Wir verlassen den Bahnhof Kita-Kamakura; die Lampionreihe unter seinem Vordach baumelt vor einem heiteren, nicht ganz entschiedenen Märzhimmel. Man ist mit zwei Schritten im Dorf; zwar zieht die Hauptstrasse mittendurch, aber im Graben auf der Seite, unterm Kressengebüsch, vibriert ein Streifen Wasser glänzend und müssig wie je. Stellenweise ist er mit Steinplatten überdeckt, auf denen alte Leute den Autokolonnen entgegenschlurfen; den Windzug, der an ihren Kimono-Enden reisst, dulden sie wie einen anderen Frühlingssturm. Die Papierwände der Häuser sind aufgeschoben, geben Durchblick frei auf Strohböden, auf einzelne Möbelchen, die ungeschickt im Wind stehen, auf scheinbar in stärkerem Licht liegende Hintergärten. [...]

Ein gebeugtes Männchen in Schürze und gelben weichen Stiefeln mit geteilter Zehe macht sich an einer Reihe von Chrysanthemen zu schaffen, hochstengeligen, auf Draht gezogenen Luxusgeschöpfen, deren Häupter mit Seidenpapier vermummt sind.

*Adolf Muschg *1934*
Papierwände
Bern 1970

EIN WEG
Papier II

Papier ist Papier
aber es ist auch
ein Weg
zu den Sternen
zu Sinnbild und Sinn
blinden Geheimnissen
und
zu den Menschen

Rose Ausländer
1901–1988
Gedichte
Frankfurt am Main 2001

ROYAL STREET Die Canal Street ist dunkel und fast leer. Die letzte Parade, die Comus-Krewe, ist mit ihren schwankenden Festwagen und lodernden Fackeln schon lange die Royal Street hinunter. Die Straßenreiniger kehren Konfetti und Putz im Rinnstein zu feuchten Haufen zusammen. Der kalte Nieselregen riecht nach saurem Papierbrei. Nur noch ein paar Maskierte sind unterwegs.

Walker Percy 1916–1990
Der Kinogeher
Frankfurt am Main 1986

KOHLWEISSLINGE   Als sie vor Baretts Haus kamen, flatterte es da in der hohen, schmalen Straße wie von Kohlweißlingen. Aber es waren nur weiße, kleinbeschriebene Zettel, die zierlich schwankend und quirlend von einem Fenster herabwehten, daraus das platte, fürchterliche Geräusch zwecks Entstaubung gegeneinander geschlagener Bücher schallte.

Frau Barett war am Werke. Sie stöberte, damit auf ihre Weise der neuen Brücke Ehre anzutun. Als sie sich nun, ein weißes Tuch um ihr graublondes Haar geknüpft, aus dem staubumwölkten Fenster neigte, lief der unglückliche Barett, seinen Hut gleich einem Schmetterlingsnetz benutzend, ganz verzweifelt den papiernen Faltern nach, die der Wind entführen wollte. Auch Tom, der den Sinn und Wert solcher in Bücher eingelegter Zettel sehr wohl kannte, machte erfolgreich Jagd darauf. Mit einem Blick zum Himmel betrat Barett, nachdem er Tom schmerzlich zugenickt und sorgfältig die Füße abgestreift hatte, mit der geretteten Wissenschaft das Haus.

Ernst Penzoldt
1892–1955
Der arme Chatterton
Leipzig 1928

VII

WIE BLUMENBLÄTTER
SPRACHLOS
EIN ALTES GEDICHT
TANZENDE FIGÜRCHEN
PAPPENARBEITEN
NUR EIN BLÄTTCHEN
BEFUGNISSE
IM GARTEN
KINDERKÖNIG
CHINESISCHER TEMPEL
MIT PURPURSEGELN
WINDSTÖSSE
IM SCHNEE
PAPIERKORB
FEINE SACHEN
EINGESCHLAFEN
DREIHUNDERT RUBEL
DOLLARS
GEWISSE VERÄNDERUNGEN
GESAMTWERK
STILLE LANDSCHAFTEN
TER
MIT STRAHLENDER MIENE
HAUPTBUCH
ENDLOSE SCHREIBEREI
HELFT IHM
PROFILIERT

—

*Das Kopfkissenbuch
der Hofdame
Sei Shonagon
um das Jahr 1000
Zürich 1952*

WIE BLUMENBLÄTTER Nicht weit von ihrem Kopfkissen lag ein ausgebreiteter Fächer von violetter Farbe. Um den Kleiderständer herum lagen rosafarbene Papiere wie Blumenblätter auf der Erde verstreut.

*Das Kopfkissenbuch
der Hofdame
Sei Shonagon
um das Jahr 1000
Zürich 1952*

SPRACHLOS Ich war sprachlos. Daß er den Wink nicht verstanden hatte, ärgerte mich. Ich schrieb ein Gedichtchen auf die Ecke eines Stück Papiers und gab es ihm, ohne ein Wort zu sagen.

EIN ALTES GEDICHT Dann nahm der kaiserliche Herr einen Bogen Papier, faltete ihn und sagte zu uns Damen: »Ich wünsche, daß jede von Ihnen ein Gedicht aus dem Gedächtnis niederschreibe.«

»Dem Himmel sei Gnade, was soll ich tun?« murmelte ich.

Der Fürst sagte: »Schreibt rasch irgend etwas. Hier sollen wir Männer uns nicht einmischen«, zog das Tuschkästchen näher heran und drängte: »Nur rasch, rasch, nicht lange nachgedacht! Irgendein Gedicht, das euch einfällt, wird genügen.« Ich weiß nicht, warum ich so zögerte. Ich errötete heftig; in meinem Kopf schwirrten die Gedanken durcheinander. Die

*Das Kopfkissenbuch
der Hofdame
Sei Shonagon
um das Jahr 1000
Zürich 1952*

anderen Damen schrieben Gedichte über den Frühling oder über Blumen, wenn auch nach vielem Zögern. Nun war die Reihe auch an mir. Mein Gedanke kam auf ein altes Gedicht:

*Die Jahre vergehen,
Das Alter häuft sich,
Nur der Anblick der Blumen
Befreit mich von allen Sorgen.*

TANZENDE FIGÜRCHEN   Ein lieber Mensch, er hieß Amandus Günzler (starb später als Dekan zu Leonberg), legte sich in der Physik besonders auf die Erscheinungen der Elektrizität.

Er hatte sich sinnreiche, elektrische Apparate selbst geschaffen. Diese Arbeiten verrichtete er meistens unter meinen Augen. Er erklärte mir spielend das Wesen der Elektrizität, ihr Entstehen, ihre Wirkungen.

Ich freute mich seiner Maschinen, des Blitzes, den er in ein Häuschen schlagen ließ, der Glöckchen, die er durch Elektrizität in Bewegung setzte, der durch diese Materie in tanzender Bewegung gehaltenen Figürchen von Pappe.

Justinus Kerner
1786–1862
Das Leben des Justinus
Kerner. Erzählt von ihm
und seiner Tochter Marie
München 1967

PAPPENARBEITEN   Ich hatte früh gelernt, mit Zirkel und Lineal umzugehen, indem ich den ganzen Unterricht, den man uns in der Geometrie erteilte, sogleich in das Tätige verwandte, und Pappenarbeiten konnten mich höchlich beschäftigen. Doch blieb ich nicht bei geometrischen Körpern, bei Kästchen und solchen Dingen stehen, sondern ersann mir artige Lusthäuser, welche mit Pilastern, Freitreppen und flachen Dächern ausgeschmückt wurden; wovon jedoch wenig zu stande kam.

Johann Wolfgang von
Goethe 1749–1832
Dichtung und Wahrheit
Zürich Prag 1949

NUR EIN BLÄTTCHEN   Den 12. Juni.
Mein Täubchen, liebe Warwara Alexejewna!
Ich hatte geglaubt, liebes Kind, Sie würden mir den ganzen gestrigen Spaziergang in richtigen Versen beschreiben, und da bekomme ich von Ihnen nur ein einziges, einfaches Blättchen! Indes muß ich sagen: Sie haben mir auf Ihrem Blättchen zwar nur wenig geschrieben, aber dafür alles sehr schön und hübsch geschildert. Die Natur und die verschiedenen Landschaftsbilder und alles übrige, was Sie da von den Gefühlen sagen – kurz, das haben Sie alles sehr gut beschrieben. Sehen Sie, ich meinerseits habe dazu kein Talent.

Fjodor M. Dostojewski
1821–1881
Arme Leute
Leipzig 1922

BEFUGNISSE   Ich hatte keine Worte, aber alle Fühlungen, und das ging am Ende natürlicher zu als es scheint. Denn ganz kleine Kinder, mich selbst nicht ausgenommen, verkehrten ja nicht mit Dinte, mit Feder und Papier. Für uns kleine Krabaten und Herumschmutzer war die Schiefertafel, ausnahmsweise am Sonntag ein Rotstift oder eine Bleifeder parat. Der Bruder ging aber schon zur Schule, somit hatte er sein Dintenfaß, Pennal und Papier in seinem Besitz. Und mit welchen rigoristischen Begriffen von Eigentum, von Gerechtsamen und Befugnissen überwachte, vertrat dieser Junge seine Prärogative und Überlegenheiten vor unsern angemaßten Eingriffen und unserem Diebesgelüst!

Wie gerne hätte ich nur einmal mit eintauchen und auch so loszeichnen mögen; aber das waren Akte, das litt der Bruder um keinen Preis. Somit mußte ich dies Dintenklecksen wohl als etwas Symbolisches, Sittliches und Bedeutungsvolles empfinden. Aber auch Vater und Mutter hatten ein schweres Verbot darauf gesetzt, wenn wir kleinen Kinder ein Dintenfaß und Schreibezeug anrührten; die Mutter, weil sie Dinte in der Wäsche fürchtete, der Vater, weil er niemand bei seinen Papieren und an seinem Schreibtisch, ja nur in seiner Stube leiden mocht.

Bogumil Goltz
1801–1870
Buch der Kindheit
München 1964

IM GARTEN   »In dem Garten hinter unserm Haus pflanzten wir Gemüse«, berichtete er; »Erbsen, Mais und dergleichen, verstehst du. Wir zogen Anfang März nach Columbus, und sobald die Tage wärmer wurden, machte ich mich an die Gartenarbeit. Mit einem Spaten grub ich die schwarze Erde um, während sie lachend umherlief und so tat, als ekle sie sich vor den Regenwürmern, die ich mit aufwarf. Ende April kam dann die Aussaat. Sie stand mit einer Papiertüte in der Hand auf den kleinen Pfaden zwischen den Beeten. Die Tüte war voller Samen. Sie gab mir immer ein paar auf einmal, damit ich sie in den warmen, weichen Boden warf.«

Sherwood Anderson
1876–1941
Winesburg, Ohio
Berlin und Frankfurt
am Main 1958

KINDERKÖNIG Ich bin großteils die gleiche Prosa, die ich schreibe. Ich entfalte mich in Perioden und Abschnitten, ich werde zur Zeichensetzung, und ich kleide mich bei der entfesselten Verteilung der Bilder wie die Kinder als König aus Zeitungspapier ein oder ich schmücke mich in der Weise, wie ich aus einer Aufreihung von Wörtern Rhythmen forme, wie die Verrückten mit trockenen Blumen, die in meinen Träumen lebendig bleiben.

Fernando Pessoa
1888–1935
Das Buch der Unruhe
Zürich 1986

CHINESISCHER TEMPEL Diese ihre geistige Seite hatte ihr einst die tiefe und aufrichtige Neigung eines jungen Buchbindergesellen zugezogen, welcher alle Bücher las, die er einband, und ein strebsamer, gefühlvoller und unerfahrener Mensch war. Wenn er sein Waschbündel zu Züsis Mutter brachte, dünkte er im Himmel zu sein, so wohl gefiel es ihm, solche herrliche Reden zu hören, die er sich selbst schon so oft idealisch gedacht, aber nicht auszustoßen getraut hatte. Schüchtern und ehrerbietig näherte er sich der abwechselnd strengen und beredten Jungfrau, und sie gewährte ihm ihren Umgang und band ihn an sich während eines Jahres, aber nicht ohne ihn ganz in den Schranken klarer Hoffnungslosigkeit zu halten, die sie mit sanfter, aber unerbittlicher Hand vorzeichnete. [...] Er hörte ihr andächtig zu und wagte zuweilen selbst einen schönen Ausspruch, den sie ihm aber, kaum geboren, totmachte mit einem noch schöneren; dies war das geistigste und edelste ihrer Jahre, durch keinen gröberen Hauch getrübt, und der junge Mensch band ihr während desselben alle ihre Bücher neu ein, und bauete überdies während vieler Nächte und vieler Feiertage ein kunstreiches und kostbares Denkmal seiner Verehrung. Es war ein großer chinesischer Tempel aus Papparbeit mit unzähligen Behältern und geheimen Fächern, den man in vielen Stücken auseinander nehmen konnte. Mit den feinsten farbigen und gepreßten Papieren war er beklebt und überall mit Goldbörtchen ge-

Gottfried Keller
1819–1890
Die drei gerechten Kammacher, in: Gottfried Kellers Werke, Band 3
Basel um 1950

ziert. Spiegelwände und Säulen wechselten ab, und hob man ein Stück ab oder öffnete ein Gelaß, so erblickte man neue Spiegel und verborgene Bilderchen, Blumenbuketts und liebende Pärchen; an den ausgeschweiften Spitzen der Dächer hingen allwärts kleine Glöcklein.

MIT PURPURSEGELN

Auf einem vergoldeten Blumenschiff
mit Ebenholzmasten und Purpursegeln
schwimmen wir ins offne Meer.

Hinter uns,
zwischen Wasserrosen,
schaukelt der Mond.

Arno Holz 1863–1929
Phantasus
Erstes Heft
Berlin 1898

Tausend bunte Papierlaternen
schillern an seidnen Fäden.

WINDSTÖSSE

Die Bogenlampen, zu hoch über der Straße, schwankten unsicher, wie Windlichter. In verstaubten Anlagen wirbelten Papierknäuel. Ein zager Wind erhob sich mit einzelnen Stößen. Es war, als wäre die Stadt gar nicht bewohnt.

Joseph Roth 1894–1939
Die Flucht ohne Ende, in: Werke, 2. Band
Köln Berlin 1956

IM SCHNEE

Lange Folgen von Schlitten, auf denen man Schnee abführt. Einzelne Reiter. Stumme Rabenschwärme haben im Schnee sich niedergelassen. Das Auge ist unendlich mehr beschäftigt als das Ohr. Die Farben bieten ihr Äusserstes gegen das Weiss auf. Der kleinste bunte Fetzen glüht im Freien. Bilderbücher liegen im Schnee; Chinesen verkaufen kunstvolle papierne Fächer, häufiger noch papierne Drachen in der Form exotischer Tiefseefische. Tagaus, tagein ist man auf Kinderfeste eingerichtet.

Walter Benjamin
1892–1940
Moskau, in: Denkbilder
Gesammelte Schriften IV.I
Frankfurt am Main 1972

[...] Ein Korbverkäufer mit allerhand Ware, bunter, wie man sie überall auf Capri kaufen kann, doppelten Henkelkörben mit quadratisch strengen Mustern, trägt auf der Spitze seiner Stange glanzpapierne Bauer mit glanzpapiernen Vögelchen im Innern.

PAPIERKORB   Es gab also nichts »Unwichtiges«. Wenn der Nachtredakteur eine Nachricht über ein kleines Ereignis in einem weit entfernten Lande schon in den Papierkorb getan hatte, so bückte er sich nach fünf Minuten, holte das zerknüllte Papier hervor, glättete es und wandelte es künstlich wieder in den Zustand einer eben eintreffenden, noch unbekannten Nachricht. Er zwang sich, sie zu vergessen um sie hierauf noch einmal zu erfahren. Noch einmal tauchten die alten Argumente gegen ihre Veröffentlichung auf; und noch einmal warf er sie weg.

Joseph Roth 1894–1939
Der Nachtredakteur
Gustav K., in:
Panoptikum
Gestalten und Kulissen
Köln 1976

FEINE SACHEN   Sie brachten Wein, Met, Apfelsinen, Kuchen und Plätzchen. Ein freigebiger Mann schickte eine Büchse Sardinen, ein anderer geräucherten Lachs, ein dritter süß-sauren Fisch. Sie brachten sorgfältig in Seidenpapier gewickelte Äpfel, Datteln, Feigen – alles, was man sich denken kann. Der Tisch bog sich fast unter der Last der feinen Sachen.

Isaak Bashevis Singer
1904–1991
Das Purimgeschenk, in:
Mein Vater der Rabbi
Reinbek bei
Hamburg 1971

EINGESCHLAFEN   Also der Potschka nicht da.
Also den kleinen Endruschat hinübergeschickt, zu Plattner, das artige Kind. In einer halben Stunde war Potschka zur Stelle gewesen. Verschlafen. Wie wird das schon sein?
Liegt da halb über dem Tisch, die Finger alle zehn in seinen Zetteln, Petroleumlampe ausgebrannt, der Zylinder vollgerußt von oben bis unten, eine Luft im Zimmer –, ich kann mir schon denken: eingeschlafen bei dem vielen Papier, das der da alles hat. Wird noch ganz verdreht werden, der Mensch!

Johannes Bobrowski
1917–1965
Litauische Klaviere
Berlin 1967

DREIHUNDERT RUBEL   »Hier, bitte!« Er schnappte das Schloß auf und zeigte mir das Innere des Beutels. Eine Abteilung war mit türkischem Tabak und einem Päckchen Hülsen gefüllt, in der anderen lag ein Futteral mit Bleistiften, Radiergummi, Wischer, Aquarellfarben, kleinen Pinseln und Stiften sowie ein Notizbuch, in der dritten befanden sich eine kleine

*Iwan Gontscharow
1812–1891
Diener von Dazumal, in:
Ein Monat Mai
in Petersburg
Zürich 1979*

Schere, ein Kamm, zwei, drei Battist-Taschentücher, ein winziger Spiegel. In einem kleinen Seitenfach stak etwas in Papier Gewickeltes.

»Da haben Sie mein Vermögen!« sagte er und zeigte auf das Papierpäckchen. »Dreihundert Rubel und hier noch Kleingeld ... Kommen Sie, lösen wir die Fahrkarten!«

DOLLARS   »Siehst du das Gebäude dort? Das ist die Southern-Lebens-&Unfallversicherung. Hättest du 1942 da hundert Dollar investiert, bekämst du jetzt fünfhundertzwanzigtausend heraus. Dein Vater hat eine Menge Geld von den Erstpapieren gekauft.« Geld ist ein besserer Gott als Schönheit.
»Du weißt nicht, was ich meine«, ruft sie, in stetiger milder Verzücktheit.

*Walker Percy 1916–1990
Der Kinogeher
Frankfurt am Main 1986*

GEWISSE VERÄNDERUNGEN   Die Apfelhurden, die eine ganze Wand des Kellers einnahmen, wurden von meiner Mutter vor dem Eintreffen der Äpfel sorgfältig mit Zeitungen ausgelegt. Ich war ihr dabei behilflich, genauer ausgedrückt, nahm ich, wenn sie den Keller bereits wieder verlassen hatte, gewisse Veränderungen vor. Die Lagerstatt der Berner Rosen durfte auf keinen Fall irgendeine Todesanzeige aufweisen, von denen die Zeitungen oft wimmelten; [...]

*Gertrud Leutenegger
*1948
Pomona
Frankfurt am Main 2004*

GESAMTWERK   Es wurde ziemlich spät und begann schon zu dämmern, als er endlich eine gebeugte Gestalt erblickte, die seitab von den vielbegangenen Wegen mit schlurfenden Schritten dahinzog. Barnabay trug Filzstiefel wie ein russischer Kriegsgefangener und einen uralten zerrissenen Pelzrock, dessen Taschen schwer und ausgebeult gegen seine krummen Knie niederhingen. Darin schleppte Barnabay seine ganze Habe und vor allem einen Wust schmutziger und zerknitterter Papiere, sein Gesamtwerk, mit sich herum.

*Gertrud Fussenegger
*1912
Das Zimmer, in:
Nur ein Regenbogen
Erzählungen
Stuttgart 1987*

STILLE LANDSCHAFTEN Ihm glich sie sich an, sagte »Bullen« statt Polizisten und hatte sich seit wenigen Wochen auch in Geschmackssachen ihrem Sohne angenähert, indem sie graues Briefpapier benutzte, das nicht durch umweltschädliche Chemieprodukte gereinigt worden war. Kurioserweise waren die grauen Briefbögen mit altmodischen Bildchen geschmückt, beispielsweise dem Ausblick in ein sanftes Tal, wo Rauch aus einem Bauerngehöft in die Höhe stieg. Seltsam, dass ihr Sohn, der an schnellen Maschinen geradezu fanatisch interessiert war, auch für stille Landschaften, zumindest auf dem Papier, etwas übrig zu haben schien.

Hermann Lenz
1913–1998
Jung und Alt
Erzählungen
Frankfurt am Main 1989

TER Winzig, schnüffelnd, sich durchschlängelnd, nervös und unecht hustend wie immer. Ter mit seinen Ticks, seinem rasierten Sträflingsschädel – in der Form eines Zuckerbrotes. Ter, der aus Gewohnheit, reflexartig, irgend etwas vor sich her kickte: eine Bananenschale, einen Zigarettenstummel oder, aus seiner Hosentasche, einen Fetzen Papier, den er alsbald zusammenknüllte, in die Luft warf und mit dem Kopf »übernahm«. Immer fußballverrückt.

*Georges Haldas *1917*
Boulevard des
Philosophes
Zürich 1989

MIT STRAHLENDER MIENE Als Tschitschikow das Buch durchgesehen und schon nach einem zweiten, ähnlichen Bande gegriffen hatte, erschien Oberst Koschkarjow mit strahlender Miene und einem Blatt Papier in der Hand.

Nikolaj Gogol
1809–1852
Die toten Seelen
München 1961

HAUPTBUCH Ein Hauptbuch liegt offen auf ihrem Pult, eines von den altmodischen mit marmoriertem Deckel, in dem sie immer Rechnung geführt hat über ihre Besitztümer (Tankstellen, Kanadische Minen, Patente – die besonderen Vermögensanhäufungen eines Arztes), die ihr geblieben sind vom alten Dr. Wills. »Gut.« Sie schließt es brüsk und lächelt zu mir auf, ein Lächeln, das mehr als alles Vorangegangene ein Ende markiert.

Walker Percy 1916–1990
Der Kinogeher
Frankfurt am Main 1986

Nikolaj Gogol
1809–1852
Die toten Seelen
München 1961

ENDLOSE SCHREIBEREI   Die Beamten werden da nichts erreichen, es wird nur eine endlose Schreiberei geben, und zwar um so mehr, als sie ohnehin vor lauter Papier nicht sehen, worauf es eigentlich ankommt.

HELFT IHM   Ist es eigentlich sehr erheblich, was man sieht? Und was sieht man? Den Doktor Wilhelm Storost. Er kommt aus seinem Haus gerannt, weil ein Windstoß seine Zettel vom Balkontisch geweht hat. Da fliegen sie, und da läuft er ihnen hinterher: seiner ganzen litauischen Geschichte, die er über den Tisch ausgebreitet hatte, mit hunderten von Zetteln. Helft ihm, da ist vielleicht die litauische Geschichte in Gefahr.

Johannes Bobrowski
1917–1965
Litauische Klaviere
Berlin 1967

Adelheid Duval
1936–1996
Der Künstler, in: Das verschwundene Haus
Erzählungen
Darmstadt 1988

PROFILIERT   Es gibt viele Geschichten im Leben des Künstlers, doch seit ungefähr einem Jahr hat sich keine neue Geschichte ereignet. Er hat sich aber profiliert, indem er mit zwei durchsichtigen Klebstreifen einen Zettel an seinem Briefkasten angebracht hat: »Bitte keine Drucksachen.«

VIII

SUTRA
VERGILBT
KOSTBARE ZEIT
GELÄCHTER
DER TOTE KASPERL
ARISTOKRATISCHES HÄNDCHEN
HOHLRÄUME
FLIEGENWEDEL
DA WAR EIN LEHRBUCH
AUFREGUNG
TABLETT
BUCHÜBERGABE
ANPREISUNGEN
LANGEWEILE
MIT RÖTELSTIFT
ZWISCHEN DAUMEN UND ZEIGEFINGER
GESPRUNGENE FENSTERSCHEIBEN
NICHT DAS RICHTIGE
EIN VOGEL
ALLERLEI ZEUG
MEIN AMT
GERÜCHE
BOURBON STREET
TAPETEN
SCHLARAFFENLÄNDER
BEI FRÄULEIN MATHILDE
DIE NAMEN DER WOHLTÄTER

—

*Das Kopfkissenbuch
der Hofdame
Sei Shonagon
um das Jahr 1000
Zürich 1952*

SUTRA   »Doch komm nicht etwa auf die Idee, die Heilige Sutra des ›Ewigen Lebens‹ darauf zu schreiben; denn dafür wäre das Papier nicht kostbar genug!«

VERGILBT
   »Wehen die Winde,
meine ich, von Tsukushi
brächten sie Antwort.
      Aber nur Rauch mir zuweht,
   Rauch vom Rösten des Salzes.«
Das war in einer unvollkommenen Handschrift geschrieben, auf hellgrauem Papier, und war mit einem Zweig der Weide verbunden, die am Wasser steht. Als Antwort darauf schrieb ich ein Gedicht:
   »Sah, wie der Wind am
Strande den Rauch verwehte.
   Wie mir das leid tut,
daß nur Rauch er gebracht hat,
aber kein Wörtchen von ihm.«

*Autorin unbekannt
Kagero Nikki. Tagebuch
einer japanischen
Edelfrau ums Jahr 980
Zürich 1955*

Ich schrieb das Gedicht auf braunes Papier und band es an einen Kiefernzweig, an dem die Nadeln ganz vergilbt waren.

KOSTBARE ZEIT   »Damit Sie aber unterdessen Ihre kostbare Zeit nutzbringend anwenden können, ersuche ich Sie ergebenst, in meiner Bibliothek Platz zu nehmen«, sagte der Oberst und öffnete eine Seitentür. »Hier gibt es Bücher, Papier, Federn, Bleistifte, mit einem Wort – alles! Verfügen Sie darüber, als wenn Sie der Herr wären. Die Bildung ist für alle da!«

*Nikolaj Gogol
1809–1852
Die toten Seelen
München 1961*

GELÄCHTER   Die Musik hörte auf. Alle lobten die Kunst der Musiker. Ich war eben dabei, mich eifrig dem Genuß eines Gerichts zu widmen, das ich nie zuvor gegessen hatte, als plötzlich auf dem Podium zwei Mädchen in schönen weißen Kleidern erschienen, Arme und Hals entblößt, die Köpfe voller Locken. In den Händen Papierblätter haltend, traten sie an den Rand des Podiums, machten einen tiefen Knicks (ich erwiderte ihn mit einer Verbeugung) und begannen zu singen. Meine Verbeugung rief neues Gelächter bei Durassov und neue Röte auf dem Gesicht meiner Mutter hervor. Aber der Gesang machte keinen Eindruck auf mich. Die Wörter waren mir unverständlich und die Melodien noch mehr. Ich entsann mich der Lieder unserer Mädchen aus dem Gesinde und entschied, daß Matrjona viel besser sänge. Nach dieser Feststellung widmete ich mich dem Essen und blieb bis zum Ende des Mahls vom Hausherrn unbeachtet.

*Sergej Aksakow
1791–1859
Bagrovs Kinderjahre
Zürich 1978*

DER TOTE KASPERL   »Seh' Er«, erzählte der Alte fort, »als der Finkel und sein Sohn eingesperrt waren, mußte ich zum Gerichtshalter auf die Gerichtsstube. Der tote Kasper wurde auf einen Tisch gelegt und mit seinem Ulanenmantel bedeckt hereingetragen, und nun mußte ich alles dem Gerichtshalter sagen, was ich von ihm wußte und was er mir heute morgen durch das Fenster gesagt hatte. Das schrieb er alles in sein Papier nieder, das vor ihm lag.

*Clemens Brentano
1778–1842
Geschichte vom braven Kasperl und dem schönen Annerl, in: Gedichte, Erzählungen, Briefe
Frankfurt am Main und Hamburg 1958*

ARISTOKRATISCHES HÄNDCHEN   Mit einem flehenden Blick streifte er die ersten Stuhlreihen. Keine der glänzenden Damen, die dort saßen, rührte sich. An die nordische Gleichgültigkeit nicht gewöhnt, schien der Improvisator sichtlich zu leiden …

Plötzlich bemerkte er auf der Seite ein erhobenes Händchen in kleinem weißem Handschuh; mit Lebhaftigkeit wandte er sich und trat zu einer jungen, großblickenden Schönen, die am Ende der zweiten

Alexander Puschkin
1799–1837
Ägyptische Nächte, in:
Der Glockenturm
Russische Verse
und Prosa
München 1953

Stuhlreihe saß. Sie erhob sich ohne jede Verlegenheit, versenkte das aristokratische Händchen mit allergrößter Selbstverständlichkeit in die Urne und entnahm ihr ein Papier.

»Ich bitte Sie, auseinanderzufalten und zu lesen«, sagte ihr der Improvisator.

Die Schöne entfaltete das Papier und las vernehmlich: »Cleopatra e i suoi amanti.«

HOHLRÄUME Weiterhin gab es eine ganze Reihe verschieden großer Fächer mit und ohne Deckel für kleinere Gegenstände, wie zum Beispiel Visitenkarten, Beerdigungsanzeigen, Theaterbillets und andere Karten, die lediglich zur Erinnerung aufgehoben wurden. Die ganze obere Einlage mit allen ihren Fächern war zum Herausnehmen eingerichtet. Darunter befand sich ein zweiter Hohlraum, der mit ganzen Stößen von Papier in einzelnen Bogen angefüllt war, und schließlich kam noch ein kleines, seitwärts eingebautes Geheimfach, das für die Aufbewahrung von Geld bestimmt war. Tschitschikow pflegte es stets so schnell zu öffnen und wieder zu schließen, daß man niemals imstande war festzustellen, wieviel Geld es gerade enthielt.

Nikolaj Gogol
1809–1852
Die toten Seelen
München 1961

FLIEGENWEDEL Auch stofflich hat die Strassendekoration mit der theatralischen enge Verwandtschaft. Papier spielt die grösste Rolle. Rote, blaue und gelbe Fliegenwedel, Altäre aus farbigem Glanzpapier an den Mauern, papierne Rosetten an den rohen Fleischstücken.

Walter Benjamin
1892–1940
Neapel, in: Denkbilder
Gesammelte
Schriften IV.I
Frankfurt am Main 1972

DA WAR EIN LEHRBUCH Da war ein Lehrbuch der italienischen Sprache mit einem Bild des Forum Romanum und dem Stadtplan von Rom. Der Plan war an vielen Stellen angekreuzt. Ich beugte mich über das beschriebene Blatt Papier und las mit stockendem Herzen und zitternden Händen den fremden Brief.

Isaak Babel
1894–1941
Die Reiterarmee
Darmstadt und
Neuwied 1980

AUFREGUNG   »Oh, ich werde es nicht lesen«, versetzte der Fürst ganz schlicht, nahm das Bild und verließ das Arbeitszimmer. Als Ganja allein geblieben war, griff er sich an den Kopf. »Ein Wort von ihr, und ich ... und ich breche vielleicht wirklich diese Beziehungen ab ... !«
Vor Aufregung und gespannter Erwartung war er nicht imstande, sich wieder an seine Papiere zu setzen, sondern schritt im Arbeitszimmer von einer Ecke nach der andern.

Fjodor M. Dostojewski
1821–1881
Der Idiot
Leipzig 1921

TABLETT   Vierundzwanzig Glückwunschbriefe und ein Tablett voller Kärtchen. »Die Gefährtin, die Du Dir erwählt hast ...« Elios Tanten hatten noch nie eine so rührende Prosa von sich gegeben.

Carlo Emilio Gadda
1893–1973
Elios Braut, in:
Erzählungen
München 1965

BUCHÜBERGABE   Da ich unschlüssig zauderte und ihn ansah, sagte er: »Verehrte Frau, geben Sie mir das Buch, ich werde es behutsam anfassen, dass es nicht schmutzig werde, ich werde nicht in dasselbe hinein sehen und werde es sogleich, wenn der Herr Professor Andorf nach Hause kömmt, in seine Hände geben.«
Ich sah ihn wieder an. Das Anständige in seiner Stellung fiel mir auf. Seine Worte waren in dem Wenigen, was er mir sagte, sehr gewählt, wie man es in der besseren Gesellschaft findet, nur seine blauen Augen hatten etwas Unstättes, als blickten sie immer hin und her. Ich hatte nicht den Mut, ihn durch Misstrauen zu kränken, ich nestelte meine Arbeitstasche auf, zog das Buch hervor, und gab es in seine Hände. Ich hatte es in kein Papier eingeschlagen, weil ich es selber zu übergeben gedachte. Er bemerkte den Umstand gleich und sagte: »Ich werde das Buch in ein Papier einwickeln, werde es so liegen lassen, bis der Herr Professor kömmt, und werde es ihm so übergeben.«
»Ja, tun sie das«, sagte ich, und mit diesen Worten schied ich aus dem Hause.

Adalbert Stifter
1805–1868
Turmalin, in:
Bunte Steine
Wiesbaden 1959

ANPREISUNGEN Ein Mann steht in einer ausgespannten Kalesche an einer Strassenecke. Man drängt sich um ihn. Der Kutschbock ist aufgeklappt, und der Händler entnimmt ihm etwas unter beständigen Anpreisungen. Es verschwindet, ehe man es zu sehen bekommt, in einem rosa oder grün gefärbten Papierchen. So hält er es hoch in der Hand, und im Nu ist es gegen einige Soldi verkauft. Unter der gleichen geheimnisvollen Gebärde wird ein Stück nach dem anderen abgesetzt. Sind Lose in diesem Papier? Kuchen mit einer Münze in jedem zehnten? Was macht die Leute so begehrlich und den Mann so undurchdringlich wie den Mograby? – Er verkauft eine Zahnpasta.

Walter Benjamin
1892–1940
Neapel, in: Denkbilder
Gesammelte
Schriften IV.I
Frankfurt am Main 1972

LANGEWEILE Jacques saß also auf einem Stuhl rechts von der Tür des Direktors und wartete, daß man ihm etwas zu tun gab; meistens ging es darum, Rechnungen oder Geschäftsbriefe in den Karteischrank einzuordnen, der das Fenster umrahmte; am Anfang gefiel es ihm, dessen herausziehbare Ablagekästen zu öffnen, zu handhaben und zu riechen, bis der anfangs erlesene Papier- und Leimgeruch schließlich für ihn der Geruch der Langeweile schlechthin wurde; [...]

Albert Camus
1913–1960
Der erste Mensch
Reinbek bei
Hamburg 2001

MIT RÖTELSTIFT Pan Apolek reichte der Frau des Schankwirts mit tiefer Verbeugung ein Blatt Papier.
»Gnädige Pani Brajna«, sagte er. »Empfangen Sie von einem wandernden Künstler, getauft auf den christlichen Namen Apollinarius, dieses Ihr Porträt zum Zeichen unserer ergebensten Ehrerbietung, als Dank für ihre Gastfreundschaft. [...]
Auf dem Blatt Papier war mit weichem Rötelstift das lachende Gesicht der Pani Brajna gezeichnet, umrahmt von kupferfarbenen Locken.
»Mein Geld!« rief Szmerel, als er das Bild seiner Frau sah, nahm einen Stock und stürzte den beiden nach.

Isaak Babel
1894–1941
Die Reiterarmee
Darmstadt und
Neuwied 1980

ZWISCHEN DAUMEN UND ZEIGEFINGER Ich halte seine Briefe in der Hand, die mit einer empfindlichen Sorgfalt des Gedankens, des Stils und der Handschrift geschrieben sind. Ich betrachte das blaßblaue Papier, verspüre es zwischen Daumen und Zeigefinger und schaue mit der Lupe auf das blaue Siegel am Umschlag, das zerbrochen ist.

*Wilhelm Hausenstein 1882–1957
Drinnen und Draussen
München 1930*

GESPRUNGENE FENSTERSCHEIBEN Über der Tür hatte einst ein Wappen gehangen, der alte doppelköpfige Adler Österreichs, man hatte ihn herabgeschlagen, nur sein Umriß war noch zu sehen, wie ein Stempel, der so schnell nicht gelöscht werden kann. An allen Dingen zeigten sich Spuren der Vernachlässigung: die Fensterscheiben waren gesprungen und mit braunen Papierstreifen kreuzweise überklebt.

*Gertrud Fussenegger
*1912
Eines Menschen Sohn, in:
Nur ein Regenbogen
Erzählungen
Stuttgart 1987*

NICHT DAS RICHTIGE »Ach, Väterchen, welche Menge von Stempelpapier!« fuhr sie fort und blickte in die Schatulle hinein. »Du könntest mir einige Bogen davon verehren! Ich habe immer zuwenig davon. Muß ich mal eine Eingabe ans Gericht machen, fehlt mir immer das Stempelpapier.«
   Tschitschikow erklärte ihr, daß dieses Papier nicht das richtige sei, es käme nur für Kaufverträge in Frage, nicht aber für Bittschriften. Dennoch überließ er ihr einen Bogen im Wert von einem Rubel, um sie zum Schweigen zu bringen.

*Nikolaj Gogol
1809–1852
Die toten Seelen
München 1961*

EIN VOGEL Schon zogen die Pferde an, und man erhaschte noch einen silbernen Glanz vom weißen Backenbart des Kaisers. »Vivat!« und »Hoch!« schrie die Menge. In diesem Augenblick stürzte eine Frau vor, und ein weißes Papier flog in den Wagen, ein erschrockener Vogel. Ein Gnadengesuch! Man ergriff die Frau, der Wagen hielt, und während Zivilpolizisten sie an den Schultern griffen, lächelte ihr der Kaiser zu, wie um den Schmerz zu lindern, den ihr die Polizei zufügte.

*Joseph Roth 1894–1939
Seine k. und k. apostolische Majestät, in:
Panoptikum
Gestalten und Kulissen
Köln 1976*

ALLERLEI ZEUG   ach, sage ich, beim Lüften des Bettes allerlei Zeug aufgefunden, Flugkarte nach Bremen, Zettelchen mit möglichen Titeln für das Buch an welchem ich schreibe, »Vater/Mutter beim Kegelspiel, 1926«, und »Flaneur in einer zerbrochenen : zerbrechenden von wirbelnden Erscheinungen geprägten Welt«, usw., auf der Rückseite eines vollgekritzelten aus dem Notizbuch gerissenen Blattes die Eintragung der Blutdruckwerte vom Vortag.

Friederike Mayröcker
*1924
brütt oder Die
seufzenden Gärten
Frankfurt am Main 1998

MEIN AMT

Der Zauberer mit schwarzem Bart
verwandelte mich nachts
in eine Spielkarte
Piquedame das Zepter in der Rechten
Ich darf nicht weinen
weil mein Amt so hart
behüte da und dort die Zeit
ein Pendel zwischen
Milch und Schatten

Rose Ausländer
1901–1988
Kindheit II, in:
Gedichte
Frankfurt am Main 2001

GERÜCHE   Überdies hatte jedes Buch je nach dem Papier, auf dem es gedruckt war, einen besonderen Geruch, einen in jedem Fall feinen, verborgenen Geruch, aber so einzigartig, daß Jacques mit geschlossenen Augen ein Buch aus der Collection Nelson von den üblichen Ausgaben, die damals von Fasquelle verlegt wurden, hätte unterscheiden können. Und noch bevor die Lektüre angefangen hatte, entführte jeder dieser Gerüche Jacques in eine andere Welt.

Albert Camus
1913–1960
Der erste Mensch
Reinbek bei
Hamburg 2001

BOURBON STREET   Ja! Schauen Sie ihn an. Während er redet, schlägt er eine gefaltete Zeitung gegen das Hosenbein, und seine Augen betrachten mich und erkunden zugleich das Terrain hinter mir: es entgeht ihnen da nicht die kleinste Bewegung. Ein grüner Laster biegt in die Bourbon Street hinab; die Augen schätzen ihn ein, stoppen ihn, verlangen die Papiere, winken ihn weiter.

Walker Percy 1916–1990
Der Kinogeher
Frankfurt am Main 1986

TAPETEN   »Nein, behalten Sie Ihre Mütze nur auf, es ist kalt hier, dieser Teil des Hauses wird von uns nicht bewohnt.«

In der Tat, im Hause war es viel kälter als draußen an der Luft. In dem unfreundlichen, mit Zeitungspapier tapezierten Vorzimmer stand ein Wachtelkäfig aus Bast auf dem Fensterbrett, [...]

Iwan Bunin 1870–1953
Die Grammatik der Liebe, in: Der Sonnenstich Erzählungen
Stuttgart 1995

SCHLARAFFENLÄNDER   Aber so traumhaft auch die Stille ist, so wirklich, so taghell, so lebendig, so festlicher, fröhlicher, stofflicher, greifbarer Optimismus ist der Koch. Es genügt, einen Blick auf ihn zu werfen, um jede Vorstellung von düsteren Sagen zu verlieren und sie einzutauschen gegen heitere Erinnerungen an Märchen von Schlaraffenländern zum Beispiel, an satte und bunte Illustrationen auf Glanzpapier in Kinderbüchern. Das ist der Schöpfer der gebratenen und dennoch fliegenden Tauben.

Joseph Roth 1894–1939
Der Koch in der Küche, in: Panoptikum Gestalten und Kulissen
Köln 1976

BEI FRÄULEIN MATHILDE   »Das habe ich bei der Wachszieherin gekauft, bei dem Fräulein Mathilde«, sagt man, während man die Kerze aus dem länglichen Karton und aus dem Seidenpapier nimmt.

Regina Ullmann 1884–1961
Der verlorene Kreuzer, in: Vom Brot der Stillen. Gesammelte Werke, 1. Band
Einsiedeln Zürich Köln 1960

DIE NAMEN DER WOHLTÄTER   Als Menasche Chajim diese Worte hörte, seufzte er gewaltig, und es dauerte nicht lange, da trat die Gesellschaft auseinander, bis sie ein Buch fanden. Sie nahmen es und rissen ein leeres Blatt heraus, und begannen, an ihren Fingern die Namen der wohltätigen Leute herzuzählen, und zeichneten sie mit einem Bleistift auf den Bogen.

S. J. Agnon 1888–1970
Und das Krumme wird gerade
Berlin 1934

IX

DEUTZIENZWEIG
BITTER
PARALLELOGRAMM
ABRECHNUNG
DIE PFEIFE
SCHRIFTSTÜCK
PRIVATER WINKEL
BLÄTTERSALAT
ANGEBOT
KLEINE ERZÄHLUNG
PROBEARBEITEN
WARME SACHEN
DIE MÜTZE
STILLE LUST
BÜNDIGKEIT
ABSCHIED
GEBRATENES HUHN
UNSELIGER MANN
EIN STÜCK PAPIER
STUMPFSINNIGER ABEND
ALTER KINDERREIM
TAG FÜR TAG
DIE STARKEN
IM WALD
ÜBERGABE
MEIN VATER
AFRIKA

DEUTZIENZWEIG »Ihr seid ja wirklich unnütz. Jetzt sollt ihr mir aber noch dichten!«
Die Kaiserin hatte recht. Wir ärgerten uns selber und beschlossen, endlich einmal unsere Gedichte zu verfassen. Da wurde uns plötzlich ein Brief des Erzkämmerers überbracht, der auf weißem, mit Blumen gemustertem Papier geschrieben war. Er hatte ihn an den hübschen Deutzienzweig geheftet, den er selbst mitgenommen hatte und uns jetzt wieder zustellen ließ.

Das Kopfkissenbuch der Hofdame Sei Shonagon um das Jahr 1000 Zürich 1952

BITTER Als man die zur Reise nötigen Dinge zusammentrug, fand sich unter der Matte, auf der das Bett zurechtgemacht wird, ein Heilmittel, in ein Papiertaschentuch gewickelt. Es war das Mittel, das so bitter war, daß man es kaum trinken konnte. […]
Meine Kammerjungfern entdeckten es und fragten die andern: »Was ist denn das?« Ich nahm es in die Hand und schrieb auf das Papiertaschentuch ein Gedicht:

Autorin unbekannt Kagero Nikki. Tagebuch einer japanischen Edelfrau ums Jahr 980 Zürich 1955

> »Des Wartens bin ich
> müde, ich will nicht warten.
> Fort mit der Matte!
> Weh, nun ist für mich selber
> nirgends ein Platz mehr übrig!«

PARALLELOGRAMM Der Student sagte, er werde ihr sehr verpflichtet sein, wenn sie einen Augenblick auf ihn warten wolle und damit ging er fort, kehrte aber bald darauf mit einem pfirsichfarbenen Bogen Papier zurück, welcher in der Form eines Parallelogrammes zusammengefaltet war.

Chinesisches Novellenbuch zwischen 1370 und 1550 Basel 1945

ABRECHNUNG   Man gab ihm zehn, zwanzig Rubel zum Einkauf von Tee, Zucker, Brötchen, Rahm und anderem. War das Geld ausgegeben, erschien er bei mir mit einem fettigen Blatt grauen Papiers. Darauf waren alle Ausgaben bis zur letzten Kleinigkeit aufgezeichnet. Matwej verlangte, daß ich die Abrechnung prüfe. Zugleich legte er auch den Rest des Geldes hin, irgendeinen Zehner oder etwas Kupfergeld. […]

Ich tat so, als ob ich die Rechnung durchsähe, dann gab ich ihm abermals Geld, und die Rechnung warf ich heimlich unter den Tisch. Aber er merkte es, zog sie wieder hervor und legte sie mir heimlich unter meine Papiere, wenn es mir nicht vorher gelungen war, sie zu zerreißen.

Iwan Gontscharow
1812–1891
Diener von Dazumal, in:
Ein Monat Mai in Petersburg
Zürich 1979

DIE PFEIFE   Der Vater rauchte Tabak und trank ein großes Glas Bier dazu. Oft erzählte er uns viele wunderbare Geschichten und geriet darüber so in Eifer, dass ihm die Pfeife immer ausging, die ich, ihm brennend Papier hinhaltend, wieder anzünden musste, welches mir denn ein Hauptspaß war. Oft gab er uns aber Bilderbücher in die Hände, saß stumm und starr in seinem Lehnstuhl und blies starke Dampfwolken von sich, dass wir alle wie im Nebel schwammen.

E.T.A. Hoffmann
1776–1822
Der Sandmann, in:
Hoffmann Sämtliche Werke, Band 3
München Leipzig 1909

SCHRIFTSTÜCK   Sie konnten durchaus keinen Anfang finden, und je näher sie die Köpfe zusammensteckten, desto weniger wollte ihnen etwas einfallen. Endlich besann sich der Sohn, daß sie eigentlich zuerst ein Buch* starkes und schönes Papier haben müßten, um ein dauerhaftes Schriftstück zu errichten. Das leuchtete ein; sie machten sich sogleich auf, ein solches zu kaufen, und durchstreiften einträchtig die Stadt. Als sie gefunden, was sie suchten, rieten sie einander, da es ein warmer Tag war, in ein Schenkhaus zu gehen und sich allda zu erfrischen und zu sammeln.

Gottfried Keller
1819–1890
Die missbrauchten Liebesbriefe, in:
Die Leute von Seldwyla Werke, 4. Band
Basel um 1950

*1 Buch: altes Mass für 24 Bogen Schreibpapier

PRIVATER WINKEL   »In der Tat, ein gemütliches Stübchen«, sagte Tschitschikow und musterte das Zimmer. Dieses hatte auch wirklich mancherlei Vorzüge: die Wände waren mit einer blaugrauen Farbe gestrichen, die Einrichtung bestand aus vier Stühlen, einem Lehnstuhl und einem Tisch, auf dem jenes schon einmal erwähnte Buch mit dem eingelegten Lesezeichen lag. Auch sah er dort einige Bogen beschriebenes Papier und sehr, sehr viel Tabak, sowohl in einer Dose wie in Packungen und in kleinen Häufchen auf der Tischplatte verstreut.

*Nikolaj Gogol
1809–1852
Die toten Seelen
München 1961*

BLÄTTERSALAT   Fast alle Kollegen trugen Aktentaschen und gingen mit eiligen Schritten über die Straße. Er allein schlenderte langsam dahin – und trug er gelegentlich eine Tasche, so waren keine Papiere und Zeitungen darin, sondern Lebensmittel, schöne blutige Fleischklumpen und herzerfrischende Möhrchen und flatternder Blättersalat. Denn er besuchte gerne die morgendlichen Märkte, von allen Händlern gegrüßt und freundlich mit einem Finger salutierend.

*Joseph Roth 1894–1939
Der Polizeireporter
Heinrich G., in:
Panoptikum
Gestalten und Kulissen
Köln 1976*

ANGEBOT   Ob er, der jüngere, seine Absicht, was diese Angelegenheit betraf, kundtun würde? Er, der ältere, sei bereit, das Angebot unverzüglich anzunehmen. Der Anteil eines jeden käme auf 8300 Dollar. Der Brief war verfaßt in einer klaren Bleistiftschrift, auf liniiertem, von einem Block gerissenem Papier.

*Walker Percy 1916–1990
Der Idiot des Südens
Frankfurt am Main 1985*

KLEINE ERZÄHLUNG   In den Papieren des Vetters und Freundes fand sich nämlich ein Blätterbündel mit der wunderlichen Überschrift »Brezeln aus Niederwasser«. Da handelt es sich um eine kleine Erzählung zuständlichen und episodalen Charakters, durch welche die ebenso tätige wie leise Gestalt der Großmutter jedoch dermaßen sichtbar und, scheint mir, bewegend hingeht, wie ich selbst sie zu malen schwerlich vermöchte.

*Wilhelm Hausenstein
1882–1957
Lux Perpetua
Freiburg im Breisgau
München 1947*

PROBEARBEITEN   Noch nach dreizehn Jahren erinnere ich mich nicht nur aller sechs Probearbeiten von Schwester Irma mit allen Einzelheiten, vier davon habe ich, wie ich manchmal meine, etwas zu genau gegenwärtig, als für meinen Seelenfrieden gut ist. Ihr bestes Bild war mit Wasserfarben auf braunes Papier gemalt. (Auf braunes Papier, besonders Packpapier, zu malen, machte Spaß und hat etwas Gemütliches; viele erfahrene Künstler haben es nicht verschmäht, wenn ihnen nicht gerade der Sinn nach Unsterblichkeit stand.)

J.D. Salinger *1919
Die blaue Periode des Herrn de Daumier Smith,
in: Neun Erzählungen
Köln 1966

WARME SACHEN   Allein geblieben, zweifelte Tschischikow immer noch, bis eine Stunde nach diesem Gespräch die Schatulle tatsächlich gebracht wurde: die Papiere, das Geld – alles war in bester Ordnung. Samoswitow hatte sich wieder eingefunden und jetzt die Rolle des Gefängnisinspektors gespielt: die Posten hatte er angeschrien, weil sie angeblich nicht wachsam genug waren, und dem Aufseher befohlen, zur Verstärkung der Wache noch weitere Gendarmen anzufordern. Dann hatte er nicht nur die Schatulle, sondern auch eine Reihe von Schriftstücken an sich genommen, die für Tschitschikow kompromittierend waren, alles zusammengeschnürt und unter dem Vorwande, daß das Paket Bettwäsche und ähnliches enthalte, einem Wachtposten mit dem Auftrag übergeben, es auf der Stelle Tschitschikow zuzustellen. Dieser fand neben seinen Papieren auch wirklich warme Sachen vor, mit denen er sich zudecken konnte. Er war unbeschreiblich froh über die schnelle Herbeischaffung seines Eigentums und faßte wieder Mut.

Nikolaj Gogol
1809–1852
Die toten Seelen
München 1961

DIE MÜTZE   Wieder auf der Straße, stapfte Ivan Nikitič, bleich wie Papier, durch den Dreck zu seiner Wohnung. Zwei Stunden später, beim Verlassen des Hauses, sah Ivan Stepanovič im Vorzimmer, am Fenster, die Mütze, die Ivan Nikitič vergessen hatte.

Anton Čechov
1860–1904
Er und sie, in:
Er und sie. Frühe
Erzählungen 1880–1885
Zürich 2002

STILLE LUST Gern ging ich an die Durchsicht alter Hefte, die einen ganz besonderen Wert dadurch besassen, dass mir's gelungen war, sie vor dem Zugriff des Lehrers, der den Anspruch auf sie hatte, zu bewahren. Nun liess ich meinen Blick auf den Zensuren, die er mit roter Tinte darin eingetragen hatte, ruhen und stille Lust erfüllte mich dabei. Denn wie die Namen Verstorbner auf dem Grabstein, die nun nie mehr von Nutzen noch von Schaden werden können, standen die Noten da, die ihre Kraft an frühere Zensuren abgegeben hatten. Auf andere Art und mit noch besserem Gewissen liess eine Stunde auf dem Pulte sich beim Basteln an Heften oder Schulbüchern vertrödeln. Die Bücher mussten einen Umschlag aus kräftigem blauen Packpapier erhalten, und was die Hefte anging, so bestand die Vorschrift, einem jeden sein Löschblatt unverlierbar beizugeben.

*Walter Benjamin
1892–1940
Das Pult, in: Berliner Kindheit um Neunzehnhundert, in: Gesammelte Schriften IV.I
Frankfurt am Main 1972*

BÜNDIGKEIT Die Höflichkeit und Bündigkeit erstrecken sich sogar auf das intime Format des blitzsauberen Briefpapiers. Auch noch parfümiert trat dieser Herr Johannes Fischer unbekannterweise auf.

*Robert Walser
1878–1956
Der Gehülfe
Genf und Hamburg 1955*

ABSCHIED So sass er denn an einem dieser unbeschreiblichen Januarmittage im Hafen von Osaka an der Passagierreede, sah die Schiffe kommen und gehen, gehen mit besonderem Aufwand von bunten Bändern, über der Reling von den Abschiednehmenden festgehalten, abgerollt von den Zurückbleibenden, bis zum äussersten Punkt, wo das durchhängende Papier sich straffte und riss und einerseits zurückwehte, vom Seewind gekräuselt und zögernd aufs Wasser gelegt, anderseits im Fahrtwind straff hinter dem Heck flatterte und im Takelwerk, eine dünne, verträumte Schleppe. Buser sass auf seiner Bank im offenen Glashaus, sah dem Winken und Reissen zu und wartete auf sein Schiff.

*Adolf Muschg *1934
Im Sommer des Hasen
Zürich 1965*

GEBRATENES HUHN   Petruschka, der sehr wulstige Lippen und eine ebensolche Nase hatte, trug einen schäbigen Rock, der ihm viel zu weit war und früher offensichtlich seinem Herrn gehört hatte. Nach dem Koffer wurde eine kleine Kassette aus Mahagoni mit zierlichen Intarsien von karelischer Birke, ein Paar Schuhleisten und ein gebratenes, in blaues Papier gewickeltes Huhn hereingetragen.

*Nikolaj Gogol
1809–1852
Die toten Seelen
München 1961*

UNSELIGER MANN   New York 14.11.1848 Dienstag morgen [...] Man hat Sie ganz schamlos zum Besten gehabt, mein verehrter Herr. Das Buch ist überhaupt kein Buch, sondern ein zusammengeknülltes Bündel Packpapier. Und was den guten Mr. Hart anlangt, so sollte man auf der Stelle dem unseligen Mann Papier und Tinte aus der Hand nehmen, wie man einem Selbstmordkandidaten die Pistole wegnimmt.

*Herman Melville
1819–1891
Brief an Evert A. Duyckinck, in: Herman Melville. Briefe
Hamburg 1960*

EIN STÜCK PAPIER   Manchmal löste sich die Hand von der Wange, der Ellenbogen vom Tisch. Gustav K. ergriff ein Stück Papier, zerknüllte es langsam, formte es zu einem Ball und schleuderte es einem der ahnungslosen Setzer zu, der eine erschrockene Bewegung machte. Das war ein Witz gewesen. Es war, als hätte sich der Nachtredakteur nur überzeugen wollen, ob er noch zielen könne. Einen Augenblick nur hatte sein Angesicht den Ausdruck einer knabenhaften Verspieltheit gezeigt. Man konnte ihn sehen, wie er in kurzen Höschen vor dreißig Jahren am Ufer eines Wassers Steinchen in die Wellen schleudert.
Er wurde sofort wieder ernst.

*Joseph Roth 1894–1939
Der Nachtredakteur Gustav K., in: Panoptikum Gestalten und Kulissen
Köln 1976*

STUMPFSINNIGER ABEND   Die Frau im Dunkeln konnte hören, wie er lachte und mit einem der Gäste schwatzte, der in dem Sessel bei der Bürotür vor sich hindöste, um den stumpfsinnigen Abend hinter sich zu bringen. Sie ging zu der Zimmertür ihres Sohnes

*Sherwood Anderson
1876–1941
Winesburg, Ohio
Berlin und Frankfurt
am Main 1958*

zurück. Wie durch ein Wunder hatte die Schwäche Elizabeths Körper verlassen; ohne Zögern schritt sie dahin. Tausend Gedanken jagten ihr durch den Kopf. Als sie jedoch einen Stuhl knarren und eine Feder über Papier kratzen hörte, drehte sie wieder um und kehrte den langen Korridor zu ihrem Zimmer zurück.

*Autor unbekannt, in:
Juliane Metzger, Hrsg.
Spielzeug damals,
heute, anderswo
Darmstadt 1965*

ALTER KINDERREIM
[...] kleine Wagen kann er machen, Hüte von Papier und Drachen [...]

TAG FÜR TAG   3. Juni 1883
Doch noch einmal: das Geld von Dir ist mir vollkommen unentbehrlich, solange ich keine Stellung gefunden habe. Was ich heute von Dir erhielt, ist genausoviel, wie ich gleich wieder ausgeben muß; ich muss noch drei Modelle bezahlen, die ein paarmal dagewesen sind, ich muß den Zimmermann bezahlen, Miete bezahlen, den Bäcker und den Kaufmann und den Schuster bezahlen und wieder einiges einkaufen. Nun, ich habe zwei weiße Bogen für neue Kompositionen vor der Nase und muß mich doch an die Arbeit machen. Wieder müßte ich Tag für Tag Modell nehmen und ringen, bis ich es aufs Papier brächte.

*Vincent van Gogh
1853–1890
Briefe an den Bruder
Theo. Band I
Berlin 1959*

DIE STARKEN   [ohne Datum] 1887
Talent ist eine Frage der Quantität. Talent haben, heißt nicht, eine Seite niederschreiben; es heißt, dreihundert davon zu Papier bringen. Es gibt keinen Roman, den ein durchschnittlicher Verstand nicht entwerfen könnte, keinen Satz, und sei er noch so schön, den ein Anfänger nicht zu formulieren vermöchte. Es gilt nur, die Feder zu zücken, sich das Papier zurechtzulegen, es geduldig vollzuschreiben. Die Starken zögern nicht. Sie setzen sich hin und schinden sich. Sie gehen den Weg bis zum bitteren Ende, die Tinte mag ihnen ausgehen, ja, sie werden das ganze Papier verbrauchen.

*Jules Renard 1864–1910
Ideen, in Tinte getaucht
Aus dem Tagebuch
von Jules Renard
München 1986*

IM WALD
Das Butterbrotpapier

Ein Butterbrotpapier im Wald, –
da es beschneit wird, fühlt sich kalt ..

In seiner Angst, wiewohl es nie
an Denken vorher irgendwie

gedacht, natürlich, als ein Ding
aus Lumpen usw., fing,

aus Angst, so sagte ich, fing an
zu denken, fing, hob an, begann,

zu denken, denkt euch, was das heißt,
bekam (aus Angst, so sagt' ich) – Geist,

und zwar, versteht sich, nicht bloß so
vom Himmel droben irgendwo,

vielmehr infolge einer ganz
exakt entstandnen Hirnsubstanz –

die aus Holz, Eiweiß, Mehl und Schmer,
(durch Angst), mit Überspringung der

sonst üblichen Weltalter, an
ihm Boden und Gefäß gewann –

[(mit Überspringung) in und an
ihm Boden und Gefäß gewann.]

Mithilfe dieser Hilfe nun
entschloß sich das Papier zum Tun, –

zum Leben, zum – gleichviel, es fing
zu gehn an – wie ein Schmetterling ..

zu kriechen erst, zu fliegen drauf,
bis übers Unterholz hinauf,

dann über die Chaussee und quer
und kreuz und links und hin und her –

wie eben solch ein Tier zur Welt
(je nach dem Wind) (und sonst) sich stellt.

Doch, Freunde! werdet bleich gleich mir! –:
Ein Vogel, dick und ganz voll Gier,

erblickt's (wir sind im Januar ..) –
und schickt sich an, mit Haut und Haar –

und schickt sich an, mit Haar und Haut –
(wer mag da endigen!) (mir graut) –

(Bedenkt, was alles nötig war!) –
und schickt sich an, mit Haut und Haar – –

Ein Butterbrotpapier im Wald
gewinnt – aus Angst – Naturgestalt ...

Genug!! Der wilde Specht verschluckt
das unersetzliche Produkt .....

*Christian Morgenstern
1871–1914
Das Butterbrotpapier, in:
Palmström
Berlin 1929*

ÜBERGABE Gegen neun nahm M.Yoshoto seine Brille ab, stand auf und kam leise mit einem Bündel Papiere in der Hand zu mir herüber. Anderthalb Stunden lang hatte ich absolut nichts getan, nur zu verhindern versucht, daß mein Magen hörbar knurrte. Sobald M.Yoshoto in meine Nähe kam, stand ich auf, beugte mich ein bißchen vor, um nicht auf eine respektlose Weise zu groß zu erscheinen. Er übergab mir das Bündel Papiere und fragte mich, ob ich so freundlich sein wolle, seine handgeschriebenen Korrekturen aus dem Französischen ins Englische zu übersetzen. Ich sagte: »*Oui, Monsieur*«, und er machte eine leichte Verbeugung und ging leise zu seinem Schreibtisch zurück.

*J. D. Salinger *1919
Die blaue Periode des
Herrn de Daumier Smith,
in: Neun Erzählungen
Köln 1966*

MEIN VATER In einem ganz kleinen, mit Ordnern tapezierten Raum, wo es nach Bodenwichse roch und das Schnurren der Druckmaschinen nur noch gedämpft zu vernehmen war, saß ein Mann hinter seinem mit Papieren übersäten Schreibtisch, und auf diese Papiere fiel das gerichtete Licht einer kleinen Bürolampe, die das Goldgelb der Blätter hervorhob und den Rest des Zimmers ins Halbdunkel rückte. Auf das nach vorne geneigte Gesicht des konzentriert und aufmerksam arbeitenden Mannes fiel etwas von diesem Licht. Es war das Gesicht meines Vaters, der mich nicht hatte kommen hören.

*Georges Haldas *1917
Boulevard des
Philosophes
Zürich 1989*

AFRIKA   Ich tat, wie mir erlaubt war. Dann ging ich in die Stube und setzte mich zum Mühlenspiel. Als ich genug hatte, holte ich mir Papier nebst meinen bunten Kreiden und machte zum soundsovielten Male mir selbst die Probe aufs Exempel: ich zeichnete Afrika unter der heimischen Winterlampe aus dem Gedächtnis und brachte das Blatt zur Großmutter. Der Kongostaat war gelb, Madagaskar lila, die Sahara, Marokko, Algerien desgleichen, der portugiesische Besitz grasgrün, der englische rosa, der deutsche lichtblau. Die Großmutter legte es, freundlich nickend, meinen ungebärdigen Schopf streichelnd, zum übrigen. Denn sie besaß das nämliche Bild einer heißeren Welt wohl schon im Dutzend.

Wilhelm Hausenstein
1882–1957
Lux Perpetua
Freiburg im Breisgau
München 1947

Papier *literarisch*

AUTORENVERZEICHNIS

Agnon, Samuel Joseph 29 110
Aksakow, Sergej 104
Alain-Fournier, Henri 28 45
Amanshauser, Gerhard 16
Anderson, Sherwood 14 27 78 81 93 121
Ausländer, Rose 46 67 79 85 109
Babel, Isaak 42 105 107
Balzac, Honoré de 26 52
Benjamin, Walter 79 95 105 107 119
Bernanos, Georges 46
Bobrowski, Johannes 72 96 99
Brentano, Clemens 52 104
Büchner, Georg 54 66
Bunin, Iwan 15 28 56 79 110
Burkart, Erika 17
Busta, Christine 47
Camus, Albert 57 107 109
Čechow, Anton 13 57 118
Cendrars, Blaise 57
Chinesisches Novellenbuch 51 115
Cingria, Charles-Albert 66
Des Knaben Wunderhorn
Altdeutsche Lieder. Gesammelt von
L. Achim von Arnim und Clemens Brentano 52 64
Döblin, Alfred 54 58
Domin, Hilde 69 84
Dostojewski, Fjodor M. 43 92 106
Duval, Adelheid 18 99
Erzählungen eines russischen Pilgers 25 55
Flaubert, Gustave 42 53
Fontane, Theodor 42 56
Fussenegger, Gertrud 17 30 71 97 108

Gadda, Carlo Emilio 14 58 106
Goethe, Johann Wolfgang von 24 38 92
Gogh, Vincent van 66 78 121
Gogol, Nikolai 12 26 41 54 56 63 64 71 80 82 98 99
103 105 108 117 118 120
Goltz, Bogumil 25 83 93
Gontscharow, Iwan 96 116
Haldas, Georges 79 98 123
Hausenstein, Wilhelm 27 29 44 81 108 117 124
Hebbel, Friedrich 23 39 68
Hebel, Johann Peter 52
Hesse, Hermann 44
Hoffmann, E.T.A. 116
Holz, Arno 95
Joubert, Joseph 40
Kafka, Franz 58
Kagero Nikki 11 23 37 51 63 77 103 115
Kaschnitz, Marie Luise 30 67
Kawerin, Wenjamin 67
Keller, Gottfried 12 65 94 116
Kerner, Justinus 24 64 78 92
Kin Ku Ki Kwan 37 51
Kirchner, Ernst Ludwig 28
Kirsch, Sarah 71
Kubin, Alfred 55
Kügelgen, Wilhelm von 12
Lenz, Hermann 98
Leutenegger, Gertrud 16 72 97
Matisse, Henri 80
Mayröcker, Friederike 17 109
Mein Haus steht menschenfern doch nah der Dinge
Dreitausend Jahre Chinesischer Poesie
Debon Günter, Hrsg. 37
Melville, Herman 13 120
Mérimée, Prosper 11
Morgenstern, Christian 43 122
Muschg, Adolf 85 119
Oe, Kenzaburo 47
Penzoldt, Ernst 29 31 86

Percy, Walker 16 70 80 85 97 98 109 117
Pessoa, Fernando 94
Piontek, Heinz 17
Pirandello, Luigi 14
Poe, Edgar Allan 40
Puschkin, Alexander 40 65 104
Raabe, Wilhelm 78
Renard, Jules 14 15 18 29 69 83 121
Roth, Joseph 15 18 45 54 68 70 95 96 108
110 117 120
Salinger, J. D. 118 123
Schickele, René 45
Scholem-Alejchem 26 42, 53
Sebald, W.G. 32
Sei Shonagon 11 23 37 51 63 77 91 103 115
Singer, Isaak Bashevis 16 30 81 96
*Spielzeug damals, heute, anderswo
Metzger Juliane, Hrsg.* 121
Stifter, Adalbert 53 82 106
Tumler, Franz 47 70
Ullmann, Regina 27 110
Urzidil, Johannes 84
Walser, Robert 15 119
Walter, Otto F. 31
Walter, Silja 33 69
Wulffen, Barbara von 46 59

DANK

Die Entstehung des Buches »Papier literarisch« wäre in der vorliegenden Form nicht möglich gewesen ohne entscheidende Mithilfe, deren Verdankung an dieser Stelle mir ein Bedürfnis ist.

Louise Gnädinger war mir mit ihrem Einfühlungsvermögen und ihrer reichen Erfahrung die wertvollste Mitarbeiterin bei der Auswahl und Begrenzung der Zitate wie auch bei der Redaktion des Vorwortes.

In Thomas Ernst fand ich den Grafiker, der nicht nur meine Vorstellung von der inneren und äusseren Gestaltung des Buches realisierte, sondern mit weiterführenden Vorschlägen und grossem Einsatz zum Gelingen der Arbeit Wesentliches beigetragen hat.

Eine dritte Kraft, die ungenannt bleiben will, hat mir durch ihre emsigen Einsätze grosse Dienste erwiesen.

Herr Matthias Haupt, mein Verleger, der das Buch, wie bereits im Vorwort erwähnt, angeregt hatte, liess uns während seines Entstehens alle Freiheit. Die gute Zusammenarbeit mit dem Verlag, die 1974 noch unter der Leitung seines Vaters Dr. Max Haupt begann, fand damit ihre erfreuliche Fortsetzung.

Von Margrit und Sigfried Stäheli-Thoma erhielt ich einen folgenreichen Hinweis, den formal-farbigen Bereich betreffend.

Den Freundinnen und Freunden, welche mein Vorhaben durch ihre Anteilnahme gefördert haben, sei hier ebenfalls herzlich gedankt.

Veröffentlichungen von Franz Zeier

PAPIER

Versuche zwischen Geometrie und Spiel
Haupt Verlag, Bern Stuttgart Wien 1974
4. Auflage 2001

SCHACHTEL – MAPPE – BUCHEINBAND

Haupt Verlag, Bern Stuttgart Wien 1983
5. Auflage 2006, auch in Englisch

RICHTIGKEIT UND HEITERKEIT

Gedanken zum Buch als Gebrauchsgegenstand
VGS Verlagsgemeinschaft, St. Gallen
Reihe Typotron, Nr. 8 1990
2. Auflage 1993, auch in Englisch

BUCH UND BUCHEINBAND

Aufsätze und Bemerkungen
VGS Verlagsgemeinschaft, St. Gallen 1995